Kürzere Wörter

–

spart 9% Typen

Thomas Hattemer

Kürzere Wörter

–

spart 9% Typen

Bibliografische Information der Deutschen Nationalbibliothek

Die Deutsche Nationalbibliothek verzeichnet diese Publikation in der Deutschen Nationalbibliografie; detaillierte bibliografische Daten sind im Internet über http://dnb.d-nb.de abrufbar.

Covergestaltung, Herstellung und Verlag:
BoD - Books on Demand

ISBN 978-3-7526-5100-3

Inhaltsverzeichnis

MOTIVATION 15

PRIVATE ANSÄTZE 16

Verkürzung (1,2) 16

Eindeutigkeit (3,4) 16

Klang, Reihenfolge (5,6) (ggf.) 16

Wörter kurz & klein (7,8) (ggf.) 16

Keine Worttrennung (9) (ggf.) 16

L, I, 1 SCHRIFTART (4) 17

TRENNUNG VON WÖRTERN (9) 18

VERKÜRZUNG AM VOKAL (1) 19

Kein Doppelkonsonant (1a) 19

Kein Dehnungsbuchstabe (1b) 20

Zeichen auf Vokalen -Tabellen- 21

An(n)ru(h)f und We(e)g, weg(g) 23

2 Aussprachen Kurz & Lang 23

4 Schreibungen (a,aa,ah,a[kk]) 24

AA,EE,OO Abgleich -Tabelle- 24

HEER, HER, HERR, HEHR 27

AA,EE,OO,UU in Eigennamen 28

WAL, WAHL, WALL, WAAL 28

ALE, AHLE, ALLEE, AALE, ALLE 29

Kombinatorik 30

3 Schreibungen privat (a,á,à) 31

ä,ö,ü – kurz ã,õ,ũ – lang â,ô,û 31

BEISPIELE „WIEDER" U.A. 32

Widder, wieder, wider 32

Stahl, Stall, stahl 32

Fall, fallen, Pfahl, fällen, Fell, fehlen 32

Mine, Miene, Minne 33

Lid, Lied und litt 33

Wa(h)nsin(n), Ho(h)n und Spot(t) 33

FÜLL-H: -HEN ZU -ËN? (GGF.) 34

MITTELALTER Œ UND Æ (1) 35

œ, Œ: Mittelalter-Deutsch 35

æ, Æ: Mittelalter-Deutsch 35

Hochdeutsch im Mittelalter 36

ä,ö,ü – Lang æ,œ,y 36

DIAKRITISCHE ZEICHEN (1) 38

Offiziell diakritisch: Umlaute ä,ö,ü, i 38

Offiziell gleich notierte Wörter 38

KÜRZERE KONSONANTEN (2) 40

Liste: Pro Laut ein Konsonant (2a,2b) 40

X für CH „Ach" – KS für X & CHS 41

Ж für SCH & CH „ich" 42

Ç für TSCH wie „Tschüß" 45

F statt PH 46

T statt TH 47

R statt RH 48

ğ oder ñ für „ng" 49

F statt PF am Silbenanfang? 49

SCHARFES S – SZ, ß (2) 50

Privat nur einfaches „s" 50

Die 2 Wörter „das" und „daß" 50

Glaubensfrage sz, ß oder ss? 51

Schweiz ohne ß – Masse & Busse 52

Reisen, reißen, reizen, reichen 53

Faß/faß! zu Fass/fass! (eindeutig?) 53

weis (wissen) & Farbe wais? 54

heiß (warm) und „ich heiße" 55

Abgleich ß auf s 55

Abgleich ss auf s 57

TZ, CK UND DT (2) 58

EINDEUTIGKEIT (3) 59

CH-V-G 59

DIPHTHONG / DOPPELLAUT (5) 60

Doppellaut EU zu Oi 60

Doppellaut Ei zu Ai 60

Belassen von „ei" als Chance 61

Trotz kurzer Aussprache nach „au, ei" 61

Trotz kurzer Aussprache nach „ch" 62

ST, SP UND QU (5) 63

ST, SP im Norddeutschen 63

QU laut Klang ein KW 63

EINDEUTIGES „V" (3) 64

„V" am Wortanfang – Aussprache „W" 64

„V" in Wortmitte/-ende – wie „W" 65

„V" Singular wie F, Plural wie W 65

„W"-Fremdwörter nach V wechseln? 66

„V" statt „W" – Aussprache „W" (ggf.) 67

„F" statt „V" – Aussprache „F" (ggf.) 67

ÜBERFLÜSSIGE TYPEN? 68

V oder W, sowie Q, C, Y, ß 68

„Überflüssige" statt Diakritische 68

GROßES I MIT PUNKT? (4) 69

BUCHSTABIEREN ZAHL (6) 70

ALT-CODES & UNICODES 71

Diakritische Zeichen auf a,A und ä,Ä 71

Diakritische Zeichen auf e,E 71

Diakritische Zeichen auf i,I & I zu İ 72

Diakritische Zeichen auf o,O und ö,Ö 72

Diakritische Zeichen auf u,U und ü,Ü 73

Zeichen auf/unter Konsonanten 73

Kyrillische Konsonanten 74

Ausführung von ALT-Codes 74

Ausführung von Unicode (hex) 74

SPEZIELLE WÖRTER 75

Sehr kurze Wörter – mit „i" 75

Wörter mit 2 Bedeutungen 76

Aussprache „China" und „Chemie" 77

Still(l)eben u.a. „3 Konsonanten" 78

Ähnlich geschriebene Wörter (Auswahl) 79

Stark gekürzte Wörter (bis -5) 80

Zahlen, teils kürzer 81

Wochentage: 4 von 7 kürzer 82

Monate: 12x unverändert 82

Eigennamen belassen 83

Fremdwörter belassen 83

Die 207 häufigsten Wörter (um 1900) 84

Unregelmäßige Verben 87

Dialekt, eigener 89

Kürzer ohne Genitiv-S im Wort 89

Dativ und Akkusativ besser mit Artikel 90

Genera/äle, benu/ützen 91

Vermeidung von langen Wörtern 91

Unterschied g,k & d,t & ä,e usw. 91

Sehr kurze Adverbien 92

Adjektive, Adverbien im adj. Gebrauch 92

KURZ UND KLEIN (7,8) 94

Zusammen, auseinander? (7) 94

Groß oder klein? – Duden 1949 (8) 94

RAU(H), STOP(P), FIT(T) 97

„rau" statt „rauh", aber „frü"? 97

Kängeru(h) OK, aber Karamel(l) 97

Tip zu Tipp, Stop zu Stopp, fit? 98

WEITERE UNTERSUCHUNGEN 99

„aufwendig" u.a.: von „e" auf „ä"? 99

„plazieren" und „numerieren" 99

Viele Wörter im Detail 100

ä,ö,ü – ë,ï – ea, eo 101

K statt CH 101

SICHERHEITSRELEVANT 102

Löscher und Löcher 102

Diagraph „CH": Hochdeutsch, Dialekte 103

TEXTE (CA. 9% KÜRZER) 104

Verkürzung und Eindeutigkeit 104

Nicht umgesetzt bzw. belassen 105

Dante Alighieri Original 106

Dante Alighieri „gekürzt" 107

Goethe Original 109

Goethe „gekürzt" 110

Papst Benedikt XV Original 111

Papst Benedikt XV „gekürzt" 112

Zeichenzahl 114

Diakritische Zeichen im Text 115

FEINE UNTERSCHIEDE 116

Zischlaute 116

Weitere Reibelaute 116

Affrikat „Z" 116

HOLLAND SCH HELVETIA CH 117

Schweizer Deutsch – Aspekt „CH" 117

Niederländisch – Aspekt „SCH" 118

Niederländisch – Aspekt ä, ö, ü 119

NOCH KÜRZER 120

Sehn statt sehen, dron statt dro(h)ën 120

Statt „innerhalb" ein „innert" 120

Teilverzicht auf Diphthonge? 121

UMLAUTE UND CH 122

Von a,o,u nach ä,ö,ü unterlassen? 122

CH Ach-Laut nach ä,ö,ü? 123

Doppelte Sache: CH & ä,ö,ü 123

DEKLINATION UND ARTIKEL 124

VARIATION SCHREIBUNG 125

3 Wörter: Widder, wider, wieder 125

3 Wörter: Arme, arme, Armee 126

3 Wörter: Schiefer, schiefer, Schiffer 127

QUELLENVERZEICHNIS 128

Motivation

Dieses Heft geht der Frage nach, wie kurz ein Text werden kann, wenn nach Vokalen auf „h" (oder das „e" bei „ie") sowie auf doppelte Konsonanten verzichtet wird. Nicht nur die Vokale, auch die Konsonanten sollen ins Visier genommen werden, will heißen, können Konsonanten, die mehrere Buchstaben für einen Laut brauchen, auf einen Buchstaben reduziert werden?

Es gibt zwar auch in der offiziellen Schreibung Wörter, die gleich geschrieben werden und unterschiedlichen Sinn haben. Aber dieser Pool wird mit meinem Vorschlag größer werden.

Um Verwechslungen aufzufangen, könnten diakritische Zeichen auf die Vokale gesetzt werden; oder es werden neue Buchstaben erzeugt.

Die Eindeutigkeit zwischen Schreibung und Aussprache ist ein weiteres wichtiges Thema.

Weiß man denn immer spontan, wie ein „CH" oder „V" insbesondere bei Personen und Orten ausgesprochen wird?

Am Ende sieht man an Textbeispielen, daß eine Verkürzung auf fast 90% machbar wäre.

Ein wenig möchte ich auch in die Schweiz („ß", „ch") und in die Niederlande („sch", „ä, ö, ü") abschweifen.

Weitere Punkte sind u.a. das Buchstabieren von Zahlen und die Klänge von „eu" und „ei".

Private Ansätze

Verkürzung (1,2)

1) Vokale teils mit diakritischen Zeichen, <u>und</u>: [1]
1a) Kurze Vokale ➜ <u>ohne</u> Doppelkonsonant
1b) Lange Vokale ➜ <u>ohne</u> „h", „ie", Doppelvokal
2) 1 Laut = 1 Konsonant, <u>das heißt</u>:
2a) <u>keine</u> Konsonantenkombination für 1 Laut [2]
2b) <u>kein</u> Konsonant bildet mehr als 1 Laut ab [3]

Eindeutigkeit (3,4)

3) Aussprache anders ➜ Buchstabe anders [4]
4) Schriftart „L klein" = „i groß" = „1" vermeiden

Klang, Reihenfolge (5,6) (ggf.)

5) Klang anpassen (ei, eu, st, sp, qu) [5]
6) Ziffern in Reihenfolge sagen (zehnsieben)

Wörter kurz & klein (7,8) (ggf.)

7) Wörter klein schreiben, z.B. „heute abend"
8) Verzicht auf Verkettung von Wörtern

Keine Worttrennung (9) (ggf.)

---

[1] é, è, á usw. nur in Ausnahmefällen zur Unterscheidung von 2 gleich notierten Wörten; Standard bleibt e, a usw.
[2] SCH+CH1 (ich) ➜ Ş, Ж // CH2 (ach) ➜ X // CHS ➜ KS
[3] X (offiziell) ➜ KS (privat)
[4] CH1 (ich, nicht) / CH2 (Dach, Buch) / ggf: V wie W,F
[5] Ei wie Ai und Eu wie Oi

L, i, 1 Schriftart (4)

Bei Schriftart Arial, die ich weitgehend benutze, muß ich zwecks eindeutigem Schriftbild „L" teils groß und „i" teils klein schreiben, weil die Buchstaben sonst nicht unterscheidbar sind. Fluß „lll" [iLL] und Teil des Namens „Illig" [iLL]ig sehen in der Schriftart Arial aus wie Römisch-Drei. Soll ich zur Abhilfe darum Groß-i (z.B. mit ALT+0304) bei Arial mit Punkt schreiben?

Typ Arial	offiziell	privat
Großes L	L	L
Kleines L	l	l
Großes i	I	İ
Kleines i	i	i

Die Schriftart Times New Roman unterscheidet gut klein-L und groß-i. Aber: Zahl 1 und klein-L sind schwer zu unterscheiden.
Die Schriftart Consolas ist ideal für „L, i, 1". Die Zeichen sehen für meinen Geschmack jedoch nicht schön aus.

Schriftart	L klein	i groß	Zahl 1
Arial	l	I	1
Times New Roman	l	I	1
Consolas	l	I	1

Schriftart Book Antiqua macht in meinen Augen keinen so guten Unterschied bei „x" und „ж".

Trennung von Wörtern (9)

Ich trenne ungern Wörter. Mir ist es umständlich – beim Überarbeiten von Text – die Trennstriche zu überarbeiten. Daher setze und wähle ich die Wörter so, daß sie auch bei Blocksatz nicht so weit „auseinander (-) gerissen" werden.

Bei allzu kurzen Zeilen ist jedoch eine Trennung von Wörtern unvermeidbar. Das sehe ich ein. Grundsätzlich soll die Trennung kein Thema in diesem Buch sein.

Ebensowenig sollen Zeichensetzung (Komma, Punkt usw.) oder Syntax hier behandelt werden.

In meiner Schulzeit gab es zur Zeichensetzung 1979 eine Klassenarbeit. Daran konnte ich nicht teilnehmen. Ich erinnere mich, daß in einem Taschenbuch ca. 120 Regeln behandelt wurden.

Verkürzung am Vokal (1)

Kein Doppelkonsonant (1a)

Nach kurz gesprochenen Vokalen würde ich auf Doppelkonsonanten verzichten. Nur dann, wenn zwei Wörter durch diese Maßnahme gleich geschrieben werden, würde ich auf einem der Vokale ein diakritisches Zeichen setzen.

Im Alphabet können nur 11 Konsonanten zu Doppelkonsonanten werden:

offiziell	Beispiel	privat
BB	Ebbe	B
DD	Paddel	D
FF	Kaffee	F
GG	Bagger	G
LL	Ball	L
MM	Damm	M
NN	dann	N
PP	Grippe	P
RR	Dürre	R
SS	Gasse	S
TT	Butter	T

2 weitere Fälle arbeiten mit „Hilfskonsonanten":

offiziell	Beispiel	privat
CK (KK)	hacken	K
TZ (ZZ)	jetzt	Z

Gegenprüfung: Folgende Konsonanten haben im Deutschen keine Verdopplung: CC [6], HH, JJ, <u>KK</u>, QQ, VV, WW, XX, <u>ZZ</u>, also 9 Stück. Dann gibt es noch Y, A, E, i, O, U, also 6 Stück. 11+9+6=26.

Kein Dehnungsbuchstabe (1b)

Nach lang gesprochenen Vokalen würde ich auf Dehnungskonsonant „H", Dehnungsvokal „E" und Doppelvokale verzichten. Auch bei regionalen Namen von Familien und Orten, wie das „i" nach dem „O" z.B. am Niederrhein.

offiziell	privat
AH	A
EH	E
OH	O
UH	U
iE	i
(Oi)	(O)

Auch hier gilt der Vorschlag:
Falls zwei Wörter dadurch gleich geschrieben werden, die unterschiedliche Bedeutung haben, dann würde ich gerne auf dem Vokal bei einem der Wörter ein diakritisches Zeichen setzen.

───────────────────

[6] Das Wort „SECCO" aus Italien hat ein Doppel-C und steht u.a. für „trocken".

Zeichen auf Vokalen -Tabellen-

ah ➜ a, á // a[kk] ➜ a, à

Diese sogenannten diakritischen Zeichen sollen die gesprochene Länge des Vokals markieren. Sie sollten nur dort verwendet werden, wo Verwechslungen möglich sind. Bei zwei gleich notierten Wörtern kann ein (!) Wort ein Zeichen haben. Bei drei gleich notierten Wörtern bleibt nur die Wahl: 2x Zeichen (kurz, lang), 1x nicht.

[kk] bedeutet „Doppelkonsonant"

offiziell	privat	Zeichen	Typ
a, ah, aa	a, á	Akut	a lang klein
a, a[kk]	a, à	Gravis	a kurz klein
A, Ah, Aa	A, Á	Akut	a lang groß
A, A[kk]	A, À	Gravis	a kurz groß
ä, äh	*ä, â*	*Zirkumfl.*	*ä lang klein*
ä, ä[kk]	*ä, ã*	*Tilde*	*ä kurz klein*
Ä, Äh	*Ä, Â*	*Zirkumfl.*	*ä lang groß*
Ä, Ä[kk]	*Ä, Ã*	*Tilde*	*ä kurz groß*

offiziell	privat	Zeichen	Typ
e, eh, ee	e, é	Akut	e lang klein
e, e[kk]	e, è	Gravis	e kurz klein
E, Eh	E, É	Akut	e lang groß
E, E[kk]	E, È	Gravis	e kurz groß

Beim „i" würde ich gerne stärkere Zeichen zur besseren Unterscheidung setzen wollen:

offiziell	privat	Zeichen	Typ
i, ih, ie	i, î (í)	Zirkumfl.	i lang klein
i, i[kk]	i, ı (ì)	punktlos	i kurz klein
I, Ih, Ie	İ, Î (Í)	Zirkumfl.	i lang groß
I, I[kk]	İ, I (Ì)	punktlos	i kurz groß

offiziell	privat	Zeichen	Typ
o, oh, oo	o, ó	Akut	o lang klein
o, o[kk]	o, ò	Gravis	o kurz klein
O, Oh	O, Ó	Akut	o lang groß
O, O[kk]	O, Ò	Gravis	o kurz groß
ö, öh	ö, ô	Zirkumfl.	ö lang klein
ö, ö[kk]	ö, õ	Tilde	ö kurz klein
Ö, Öh	Ö, Ô	Zirkumfl.	ö lang groß
Ö, Ö[kk]	Ö, Õ	Tilde	ö kurz groß

offiziell	privat	Zeichen	Typ
u, uh	u, ú	Akut	u lang klein
u, u[kk]	u, ù	Gravis	u kurz klein
U, Uh	U, Ú	Akut	u lang groß
U, U[kk]	U, Ù	Gravis	u kurz groß
ü, üh	ü, û	Zirkumfl.	ü lang klein
ü, ü[kk]	ü, ũ	Tilde	ü kurz klein
Ü, Üh	Ü, Û	Zirkumfl.	ü lang groß
Ü, Ü[kk]	Ü, Ũ	Tilde	ü kurz groß

Diese diakritischen Zeichen sollen nicht für die Betonung verwendet werden, sondern um die Kürze oder Länge der Aussprache anzuzeigen. Zum Vergleich kann man sich andere Sprachen anschauen.

An(n)ru(h)f und We(e)g, weg(g)

An drei Wörtern zeigt sich, daß bei offizieller Schreibung nicht immer
a) Dehnungs-H's (bzw. „ie"),
b) Doppelvokale oder
c) Doppelkonsonanten
benutzt werden.

offiziell	„denkbar"	privat
Anruf	Annruhf	Anruf
Weg	Weeg, Wehg	Weg, Wég
weg	wegg	weg, wèg

Genauer betrachtet müßte „eines der Weg" mit einem diakritischen Zeichen versehen werden, weil „weg" im Sinne von „fort" auch am Anfang eines Satzes stehen kann.

2 Aussprachen Kurz & Lang

Es gibt beim Sprechen nur kurze oder lange Vokale, also keine dritte Variante „mittel". Damit liegen zwei Möglichkeiten der Aussprache vor.

1)   Vokal kurz ausgesprochen
2)   Vokal lang ausgesprochen

4 Schreibungen (a,aa,ah,a[kk])

Es gibt vier Möglichkeiten der Schreibung, was kurze oder lange Vokale anbelangt.

1)	Einfacher Vokal = für kurz UND lang
2)	Vokal+Doppelkonsonant [kk] = für kurz
3)	Vokal+Dehnungs-„H", „ie" = für lang
4)	Doppelvokal (aa, ee, oo) = für lang

AA,EE,OO Abgleich -Tabelle-

aa ➜ a, á

Gibt es Wörter, die in 4 Varianten vorkommen? Dazu untersuchen sich am Besten Wörter mit Doppelvokalen, weil es davon nicht viele gibt.

Gibt es vier Wörter, die sich in der Schreibung und damit im Sinn nur unterscheiden durch z.B.:
	a)	-aa-,
	b)	-a-,
	c)	-ah- oder
	d)	-a[kk]-?
([kk] = Doppelkonsonant)

Doppel-Vokal	einfacher Vokal	Doppel-konson.	Dehnung H & iE
-aa-			
AAL	AL engl.	ALL	~~AHL~~
AALE	ALE engl.	ALLE / ALLEE	AHLE
AAR	~~AR~~	~~ARR~~	AHR
AAS	AS, aß	ASS?	~~AHS~~

24

HAAR	~~HAR~~	~~HARR~~	~~HAHR~~
MAAT	~~MAT~~	MATT	~~MAHT~~
MAAR	~~MAR~~	~~MARR~~	~~MAHR~~
PAAR	~~PAR~~	~~PARR~~	~~PAHR~~
SAAL	~~SAL~~	~~SALL~~	~~SAHL~~
SAAT	~~SAT~~	SATT	~~SAHT~~
STAAT	~~STAT~~ (STA**D**T)	STATT	~~STAHT~~
WAAGE	WAGE !	~~WAGGE~~	~~WAHGE~~
WAAGEN	WAGEN Riskieren, Automobil	~~WAGGEN~~	~~WAHGEN~~
-ee-			
BEERE	~~BERE~~	~~BERRE~~	~~BEHRE~~
BEET	BET !	BETT	~~BEHT~~
BEETE	BETE !	BETTE !	~~BEHTE~~
FEE	~~FE~~		~~FEH~~
HEER	HER	HERR	HEHR
KLEE	~~KLE~~		~~KLEH~~
LEE	~~LE~~		~~LEH~~
LEER	~~LER~~	~~LERR~~	LEHR-...
LEERE	~~LERE~~	~~LERRE~~	LEHRE
LEEREN	~~LEREN~~	~~LERREN~~	LEHREN
MEER	~~MER~~,MÄR	~~MERR~~	MEHR
MEERE	~~MERE~~	~~MERRE~~	MEHRE !
REEDE	REDE	~~REDDE~~	~~REHDE~~
REEDEREI	REDEREI	~~REDD...~~	~~REHD...~~
SCHNEE	~~SCHNE~~		~~SCHNEH~~
SEE	PER SE		SEH(E) !
SEEN	~~SEN~~	~~SENN~~	SEH(E)N
SEELE	~~SELE~~	~~SELLE~~	SEHLE
SEELEN	SELEN	~~SELLEN~~	~~SEHLEN~~
SPEER	~~SPER~~	SPERR !	~~SPEHR~~
TEER	~~TER~~	~~TERR~~	~~TEHR~~

-entlehnt-	(Auswahl)		
ALLEE	ALE *engl.*	ALLE	AHLE
ALLEEN	ALLEN	~~ALLENN~~	~~ALLEHN~~
ARMEE	ARME		~~ARMEH~~
GELEE	~~GELE~~		~~GELEH~~
IDEE	~~IDE~~	~~IDDE~~	~~IDEH~~
IDEEN	IDEN	~~IDENN~~	~~IDEHN~~
KAFFEE	~~KAFFE~~		~~KAFFEH~~
TEE	~~TE~~		~~TEH~~
-oo-			
BOOT	BOT bieten	~~BOTT~~	~~BOHT~~
BOOTE	BOTE	~~BOTTE~~	~~BOHTE~~
DOOF	~~DOF~~	~~DOFF~~	~~DOHF~~
KOOG Polder	~~KOG~~	~~KOGG~~ (KOGGE)	~~KOHG~~
MOOR	~~MOR~~	~~MORR~~	MOHR
MOOS	~~MOS~~	~~MOSS~~	~~MOHS~~
ZOO	~~ZO~~		~~ZOH~~
-entlehnt-	(Auswahl)		
BOOM	~~BOM~~	~~BOMM~~	~~BOHM~~
LOOK	LOK	~~LOKK~~ LOCK(E)! reizen, Haar	~~LOHK~~
POOL	POL	POLL *engl. u.a.* Umfrage	~~POHL~~
TOOL	~~TOL~~	TOLL	~~TOHL~~

Im Deutschen gibt es kein -ii- oder -uu-.

Nicht dabei sind hier Namen von z.B. Flüssen. Doch wegen „Waal" muß untersucht werden.

HEER, HER, HERR, HEHR

An 1. Stelle des Abgleichs fast gleicher Worte mit Doppelvokal-Wörtern steht die Form „HER".
Denn folgendermaßen würde ich privat notieren:

offiziell	privat	Bedeutung
Heer	Hér	Armee
her	her	hin und her
Herr	Hèr	Mann
hehr	hér	erhaben

Wenn „hér" (hehr) am Satzanfang steht, ist es nicht mehr von „Hér" (Heer) unterscheidbar.
Die Form „HER" ist ideal geeignet, ans Projekt mit mehr Nachdenken heranzugehen.
In diesem Buch erwähne ich öfters, daß es zwar Worte gibt, die bei der offiziellen Schreibung ebenso nicht unterscheidbar sind. Aber das soll hier nicht Sinn und Zweck der Übung sein.

Vorschlagen könnte ich hier:

offiziell	privat
Heer	Hér
her	her
Herr	Hèr
hehr	**här**

Im Schwedischen steht „här" für „hier", was eher dem „hin und her" entsprechen würde. Aber das häufigere Wort würde ich in seiner Form lassen.

AA,EE,OO,UU in Eigennamen

Beim Durchforsten von Eigennamen (Vornamen, Gemeinden, Flüssen, Essen usw.) – mit zweimal dem gleichen Vokal hintereinander – gibt es den kritischen Fall „WAL".

Baal (Ball), Baar (Bar, bar), Buus (Bus, Buß'), Daan (Dan, dann), Daal, Dee, Faaa, Kaan (Kahn, kann), Laa, Laap, Laax, Maas (Maß), Naan, Nuuk, Peer (per), Ruud, Saar, Saas (saß), Waal (Wal, Wahl, Wall), Weesen (Wesen)

WAL, WAHL, WALL, WAAL

An 2. Stelle des Abgleichs fast gleicher Worte mit Doppelvokal-Wörtern steht die Form „WAL".

Hier zeigt sich, daß es besser ist, Eigennamen so zu belassen wie sie sind. Denn „Wal" tritt in 4 Varianten auf. Falls doch alle Wörter mit 3 Buchstaben notiert werden sollten, dann wäre eine Unterscheidung durch das Genus bzw. das grammatikalische Geschlecht möglich.

Offiziell	privat 1	privat 2
die Waal	**di Waal**	di Wál
die Wahl	di Wál	**di Wal**
der Wal	der Wal	**der Wal**
der Wall	der Wàl	der Wàl

ALE, AHLE, ALLEE, AALE, ALLE

An 3. Stelle des Abgleichs fast gleicher Worte mit Doppelvokal-Wörtern steht die Form „ALE". Die Schreibung von „ALE" kommt sogar in 5 (!) Varianten vor.

offiziell	privat	Bedeutung
ALE	ALÈ	Englisches Bier
AHLE	ÁLÈ	Pfriem, Werkzeug
ALLEE	ALÉ	Straße mit Bäumen
AALE	ÁLE	Mehrzahl von AAL
ALLE	ALE	a) gesamt, jede(r,s) b) aufgebraucht, leer c) erschöpft

Das Wort „ALLE" kann sogar 3 verschiedene Bedeutungen haben.

Eine Orthographie mit 3 statt 4 Möglichkeiten funktioniert bei den 5 Versionen „ALE" nur, weil BEIDE Vokale diakritische Zeichen haben können. Maximal sind 9 Varianten möglich, wenn wir 2 Vokale und 3 Zeichen (2x diakritisch, 1x ohne) haben, nämlich $Zeichen^{Vokale} = 3^2$.

Weil das Wort „ALLE" sehr oft vorkommt, würde ich privat genau bei diesem Wort auf Markierungen auf den beiden Vokalen verzichten und das Wort schreiben wie „ALE".

Kombinatorik

a) Die erste Variation liegt im Parameter „diakritisches Zeichen", der in drei Varianten vorkommt (1x ohne, 2x verschiedene)

b) Die zweite Variation liegt in der „Anzahl der Vokale" in einem Wort.

c) Die Vokale selbst sind pro Durchgang fest vorgegeben. Hier gibt es keine Variation. Die Reihenfolge ist beliebig und mehrfaches Auftreten des gleichen Vokals ist möglich.

In der Kombinatorik gilt in diesem Fall der Satz:
Für die Anzahl $v^*(n, k)$ aller Variationen k-ter Ordnung von n Elementen mit Wiederholung gilt
$$v^*(n, k) = n^k$$
Wobei:
n = entw. diakritisches Zeichen 1 oder 2 oder leer
k = Anzahl der Vokale in einem Wort

Für k = 1 gibt es $n^k = 3^1$ = 3 Möglichkeiten
Bei „HER" also e,é,è und bei „WAL" also a,á,à

Für k = 2 gibt es $n^k = 3^2$ = 9 Möglichkeiten
Bei „ALE" also
ae, áé, àè, áe, aé, àe, aè, áè, àé

Für k = 3 gibt es $n^k = 3^3$ = 27 Möglichkeiten
aou (1), áóú, àòù (2), áou, aóu, aoú, àou, aòu, aoù (6), áóu, áoú, aóú, àòu, aòù, aòù (6), áòu, àóu, aóù, aòú, aoù, aòú (6), áóù, áòú, áòù, àòù, àòú, áóú (6)

3 Schreibungen privat (a,á,à)

Fazit: Es gibt maximal 3 Varianten der bis teils auf die Vokallänge gleichen Aussprache. Bei „HER" und „WAL" helfen „ä" bzw. Eigenname. Es reicht aus, mit 2 diakritischen Zeichen zu arbeiten. Die dritte Variante ist der Vokal OHNE diakritisches Zeichen. Es sind nach Abgleich mit Wörtern doppelter Selbstlaute „aa, ee, oo" nur 2 Zeichen pro Vokal notwendig.

1)   Einfacher Vokal = für kurz UND lang
2)   1. diakritisches Zeichen à, … = für kurz
3)   2. diakritisches Zeichen á, … = für lang

ä,ö,ü – kurz ã,õ,ũ – lang â,ô,û

Wenige Wörter haben Umlaute mit kurz und lang. Einige Kapitel weiter steht eine geschicktere Alternative, weil keine dritte Variante nötig ist.

kurz	privat kurz		lang	privat lang
Kämme (Kamm)	Kãme (Kàm)		käme (kommen)	kâme (komen)
kämmen	kãmen		kämen (kommen)	kâmen (komen)
Hölle	Hõle		Höhle	Hôle
füllen	fũlen		fühlen	fûlen
Füller	Fũler		Fühler	Fûler
Hütte	Hũte		Hüte	Hûte
wüßte (wissen)	wũste (wisen)		Wüste	Wûste

Beispiele „wieder" u.a.

Widder, wieder, wider

offiziell	Sinn	privat	Vokal
wider	gegen	wider	lang
Widder	Tier	Wɪder	kurz
wieder	erneut	wîder	lang

Stahl, Stall, stahl

offiziell	privat
Stahl	Stál
Stall	Stàl (oder Stal)
stahl (stehlen)	stal

Fall, fallen, Pfahl, fällen, Fell, fehlen

offiziell	privat
Fall	Fal / Fàl
fall(e)!	fàl(e)!
Pfahl	Fál
Pfähle	Fâle
Fälle	Fäle
fälle!	fãle!
Fell	Fèl
Felle	Fèle
fehl(e)!	fel(e)!

Mine, Miene, Minne

offiziell	privat	Bedeutung
Minne	Mıne	Liebe eines Ritters
Miene	Mîne	Gesichtsausdruck
Mine	Mine	a) Schreibgerät b) Sprengkörper c) Bergwerk d) antikes Gewicht e) franz. Volumen f) Fraßgang Raupen

Lid, Lied und litt

Hier möchte ich ein Beispiel geben, bei dem sich Wörter auch durch „D" und „T" unterscheiden.

Offiziell	privat
Lid	Lid
Lied	Lîd
litt (leiden)	lit

Wa(h)nsin(n), Ho(h)n und Spot(t)

Hier sind kaum Verwechslungen möglich. Es sind schöne Beispiele zum Verkürzen:

Offiziell	privat	ähnlich
Wahnsinn	Wansın	
Hohn und Spott	Hon und Spòt	Spot (engl.)

Füll-H: -hen zu -ën? (ggf.)

-hen ➔ -ën

Kann auf das „H" teils/immer verzichtet werden?

offiziell	privat 1	privat 2	Präterit.
sehen	*sehen*	seën	
ich sehe	*iж sehe*	seë	sa
du siehst	du sist	*sîst*	sast
es sieht [7]	es sit	*sît*	sa
wir sehen	*wir sehen*	seën	saën
ihr seht	îr set	*sét*	sat
sie sehen	*si sehen*	seën	saën
ziehen	*zihen*	ziën	
ich ziehe	*iж zihe*	zië	zog
du ziehst	du zist	*zîst*	zogst
es zieht	es zit	*zît*	zog
wir ziehen	*wir zihen*	ziën	zogen
ihr zieht	îr zit	*zît*	zogt
sie ziehen	*si zihen*	ziën	zogen
drohen	*drohen*	droën	
ich drohe	*iж drohe*	droë	drote
du drohst	du drost	*drost*	drotest
es droht	es drot	*drot*	drote
wir drohen	*wir drohen*	droën	droten
ihr droht	îr drot	*drot*	drotet
sie drohen	*si drohen*	droën	droten

---

[7] Aus Platzgründen ist „er/sie/" in Tabelle weggelassen

Mittelalter Œ und Æ (1)

öh ➔ ö, œ

œ, Œ: Mittelalter-Deutsch

Das „œ" im Französischen – wie in „œuvre"
(Werk) – ist im Prinzip ein Buchstabe, wenngleich
etwas breiter. Er umgeht die Notwendigkeit eines
diakritischen Zeichens.
Im Deutschen ist es ein „ö" oder behelfsweise
„oe" bei mechanischen Schreibmaschinen, die
keine Umlaute hatten.
Im Mittelalter wurde der Buchstabe „œ" für ein
langes „ö" benutzt. Beim kurzen „ö" nahm man
damals das „ö" oder ein „o", auf das ein kleines
„e" gesetzt wurde.

æ, Æ: Mittelalter-Deutsch

Der Buchstabe „æ" wurde im Mittelalter im Latein
benutzt. Er fand aber auch in anderen Sprachen
Europas Verwendung. Im Mittelhochdeutsch
wurde das „æ" verwendet, um ein lang
gesprochenes „ä" zu kennzeichnen. Das kurze
„ä" wurde jedoch als „ä" geschrieben, oder
alternativ mit einem „a", wo ein kleines „e" oben
draufgesetzt wurde.
Am Schlacht- und Viehhof in Augsburg findet sich
der Schriftzug: „VERWALTUNGS-GEBÆUDE".

Hochdeutsch im Mittelalter

Das Mittelhochdeutsch, etwa von 1050 bis 1350 in Mittel- und Süddeutschland gesprochen, hat zur Kennzeichnung von langen und kurzen Vokalen selten Doppelkonsonanten und keine Dehnungshilfen wie „H" oder „ie" benutzt.
Vokale mit einem Zirkumflex (^) – oder alternativ mit einem Makron (‾) – wurden lang gesprochen; Vokale ohne diese Zeichen dagegen kurz.
Also eine relativ einfache Sache.
Genau diese Historie deckt sich mit meinem privaten Ansatz: So kurz wie möglich die Schreibung zu halten. Allerdings wurden ab und zu Doppelkonsonanten verwendet, auf die ich privat gerne verzichten möchte.

ä,ö,ü – Lang æ,œ,y

Die – von mir vorgeschlagenen – diakritischen Zeichen bei den Umlauten wie Tilde für „kurz" und Zirkumflex für „lang" sind nicht so einfach zu unterscheiden. Eine Alternative wären ggf. bei Ä, Ö die Ligaturen Æ, Œ. Bei Ü hülfe Y (oder ů).

offiziell	privat	Zeichen	Typ
ä, äh	ä, æ	Ligatur	ä lang klein
ä, ä[kk]	ä	Umlaut	ä kurz klein
Ä, Äh	Ä, Æ	Ligatur	ä lang groß
Ä, Ä[kk]	Ä	Umlaut	ä kurz groß
ö, öh	ö, œ	Ligatur	ö lang klein
ö, ö[kk]	ö	Umlaut	ö kurz klein

Ö, Öh	Ö, Œ	Ligatur	ö lang groß
Ö, Ö[kk]	Ö	Umlaut	ö kurz groß
ü, üh	ü, y/ů	y / Ring	ü lang klein
ü, ü[kk]	ü	Umlaut	ü kurz klein
Ü, Üh	Ü, Y/Ů	Y / Ring	ü lang groß
Ü, Ü[kk]	Ü	Umlaut	ü kurz groß

Dann wären kurz (links) und lang (rechts):

kurz	privat kurz		lang	privat lang
Kämme (Kamm)	Käme (Kàm)		käme (kommen)	kæme (komen)
kämmen	kämen		kämen (kommen)	kæmen (komen)
Hölle	Höle		Höhle	Hœle
füllen	fülen		fühlen	fylen
Füller	Füler		Fühler	Fyler
Hütte	Hüte		Hüte	Hyte
wüßte (wissen)	wüste (wısen)		Wüste	Wyste

„Hüte" bekommt wie das Wort „Axt" (siehe „Axt" unter den Kapiteln „Kürzere Konsonanten" und „Spezielle Wörter") eine ganz andere Bedeutung.

Y spricht sich „J" (Yacht) oder „Ü" (Sylt, Physik, Mythos) oder „i" (Benny).

Jedoch geht dieses Konzept nicht auf beim Vergleich der Wörter Pfähle, Fälle und fälle! Sie werden zu Fäle, Fäle und fäle.

Diakritische Zeichen (1)

Offiziell diakritisch: Umlaute ä,ö,ü, i

Es gibt ja bereits jetzt im derzeitigen Deutsch diakritische Zeichen, wie „ä, ö und ü".
Relativ selten wird ein -ё- in Familiennamen benutzt, um das -e- getrennt von dem vorangehenden Vokal auszusprechen bzw. um dies zu kennzeichnen.
Ein -ï- gibt es meines Wissens im Deutschen gar nicht. Während hierzulande das Wort „Mais" ohne diakritisches Zeichen geschrieben wird, legt man in Frankreich schon Wert darauf anzuzeigen, das -i- solle getrennt vom vorangehenden Vokal -a- gesprochen werden, also „maïs".
Auch das „i" hat ein diakritisches Zeichen, nämlich den Punkt.

Offiziell gleich notierte Wörter

Privat würde ich bei der Schreibung gerne die Doppelkonsonanten und die Dehnungen via -h- bzw. „ie" verlagern auf eine Kennzeichnung direkt auf oder unter dem Vokal, den es betrifft. Personifiziert könnte man sagen: „Was kann denn der nachfolgende Konsonant dafür, ob der Vokal davor lang oder kurz ist. Das ist doch ganz die Angelegenheit des Selbstlauts."
Ich würde es mit den diakritischen Zeichen aber auch nicht übertreiben. Denn auch bei dem offiziellen Deutsch wird nicht jeder Vokal mit

Doppelkonsonant danach bzw. Dehnungs-H oder „ie" markiert. Sogar bei gleich geschriebenen Wörtern mit unterschiedlichem Sinn ist das nicht immer der Fall, wie „modern" (neu) und „modern" (faulig) oder „weiß" (wissen) und „weiß" („Farbe"). Ich würde also nur in Ausnahmefällen, wo eine schnelle Unterscheidung nicht möglich scheint, die Zeichen an den Vokalen benutzen.

Wenn im Falle zweier Wörter beide lange Vokale haben, dann kann die Kennzeichnung nur an einem der Wörter stattfinden, vorzugsweise am selteneren Wort. Aber selbst dann ist es anfangs ungewohnt.

Die Unterscheidung gleich geschriebener Wörter haben wir jedoch alle in der Kindheit gelernt. Wir gehen über den Satzzusammenhang. Kurze Überschriften lassen uns für den Bruchteil einer Sekunde aber innehalten zum Nachdenken.

Kürzere Konsonanten (2)

Liste: Pro Laut ein Konsonant (2a,2b)

Kombinationen von Konsonanten, welche bei der Aussprache nur einen <u>einzigen Laut</u> darstellen, würde ich privat mit <u>nur einem</u> Konsonanten schreiben. Logische Konsequenz einer solchen Idee wäre, daß neue Buchstaben gefunden werden müßten.

a) SCH: Konsonant anderer Sprache (Ş, Ж)
b) CH (ach): Änderung der Aussprache (X)
c) PH: Änderung auf wahre Aussprache (F)
d) TH, RH: Überflüssiges streichen (T,R)

offiziell	priv.1	priv.2	priv.3	IPA
SCH, sch	SH, sh	Ж, ж	Ş, ş	ʃ
CH, ch „ich, nicht"	SH, sh (engl.)	Ж, ж (russ.)	Ş, ş (türk.)	ç
CH, ch „Dach, Buch"	X, x (griech)			x
X, x	KS, ks			ks
CHS, chs	KS, ks			ks
PH, ph	F, f			f
TH, th	T, t			t
RH, rh	R, r			r
NG, ng	ñ, Ñ (span.)	Ğ, ğ (türk.)	ŋ	ŋ
PF, pf (Wortanfang)	F, f			(p)f

IPA: Internationales Phonetisches Alphabet

X für CH „Ach" – KS für X & CHS

ch (ach) ➜ x // x, chs ➜ ks

Einerseits:
Privat würde ich dem Buchstaben „X" eine andere
Aussprache zuordnen. Getreu meinem Prinzip
„pro Laut ein Buchstabe" würde das offizielle „X"
von mir als „KS" geschrieben werden. Damit
werden Wörter, die offiziell ein „X" haben, <u>länger</u>
in meinem privaten Gebrauch. Das ist aber die
einzige Ausnahme.

Andererseits:
Dadurch wird der Buchstabe „X" frei für einen
anderen Laut. Eine naheliegende, private
Verwendung wäre das offizielle „CH" (Ach-Laut)
wie in „Buch" oder „Dach".

offiziell	privat
CH, ch („ach")	X, x
X, x	KS, ks
CHS, chs	KS, ks
KS, ks	KS, ks

Hier würde ich zwei Fliegen mit einer Klappe
schlagen.
- Offizielles „CH" bestünde aus 1 Buchstaben
- Abgrenzung zu „CH" wie in „ich", „nicht"

„X" wird im Griechischen (Chi) teils so benutzt,
also wie in „Bach", „Bauch" oder „Docht".
Laut Wikipedia ist „X" jedoch im modernen
Griechisch auch wie in „ich", „nicht", „Becher".

In der Antike soll „Chi" (geschrieben „X") jedoch wie „k (h)" gesprochen worden sein.

- Der Ach-Laut wird nach den Vokalen „a, o, u" und dem Diphthong „au" („auch") benutzt, also nach dunklen Vokalen.
- Der „ich-Laut" nach den Vokalen „i, e", der Verkleinerungssilbe „-chen" und bei der Endung „-ig", falls kein Vokal folgt. Jedoch gibt es auch nach dem Doppellaut „eu" („euch") ein „ich-Laut", obwohl das „u" ein dunkler Vokal ist. Der Grund ist die Aussprache, die „oi" ist und das „i" ist ein heller Vokal. Schließlich gibt es den „ich-Laut" auch nach „ei, ai, äu" sowie nach „ä, ö, ü".

Während „KS" länger ist wie „X", trifft das auf das seltenere „CHS" („Dachs", „wachsen") nicht zu. Hier wird die Kombination von Konsonanten um 1 Buchstaben kürzer.

Ж für SCH & CH „ich"

sch, ch (ich) → [sh →] Ж ODER ş

Es geht um a) die Verkürzung von allzu langen Kombinationen von Konsonanten und um b) die Eindeutigkeit der Aussprache.

offiziell	privat
SCH, sch	Ş, ş oder Ж, ж
CH, ch („ich")	Ş, ş oder Ж, ж

Verkürzung und Eindeutigkeit bedeuten:

42

1) SCH auf <u>einen</u> Buchstaben verkürzen
2) CH (ich) <u>von</u> CH (ach) abgrenzen

Wissenschaftlich ist das „SCH" ein Trigraph, das „CH" ein Digraph. Mehr als ein Buchstabe steht für eine Lautung bzw. ein Phonem.

Als Zwischenschritt würde ich ein „SCH" auf „**SH**" so wie im Englischen kürzen. Das Ziel sollte jedoch ein Buchstabe sein. Statt Ş würde ich ein „Ж" bevorzugen. Der Unterschied ist deutlicher. Das kyrillische „Ш, ш", ist schwer vom „W, w" zu unterscheiden.
Genau genommen ist der Laut in SCH ein anderer als derjenige in CH (ich). Das wird u.a. an dem IPA-Zeichen deutlich. Während für das deutsche SCH ein „ʃ" für die Aussprache gilt, ist es beim „ich"-CH ein „ç".
Die türkische Sprache benutzt den Buchstaben Ç, ç für die IPA-Zeichen „tʃ".
Auf der anderen Seite würde ich gerne eine Differenzierung der Schreibung bei CH (ich) und CH (ach) machen.

Mein Gedanke wäre:
• Kein Unterschied Schreibung SCH, CH „ich"
• Unterschied Schreibung CH, „ich", CH „ach"

Darum könnte ich schreiben:
• Жule (Schule), iж (ich)
• Dax (Dach), Bux (Buch), Daks (Dachs), axt (acht), Akst (Axt) usw.

Dieses Thema mit „pro Laut ein Buchstabe" konkurriert auch mit den Themen

a)   Aussprache nach Klang
b)   Eindeutigkeit

*   „CH" paßt auch in das Thema „eindeutig";
*   „CHS" gehört auch ins Kapitel „Klang".

Auf welchen neuen Buchstaben sollte sich geeinigt werden? Hier biete ich 4 Vorschläge:

Vorschlag 1:
SCH & CH (ich) ➜ SH (wie im Englischen, allerdings immer noch 2 Buchstaben) Das SH wäre zumindest schon einmal kürzer als SCH. Allerdings wäre es nur ein „Kompromiß". Es wäre der erste Schritt in die richtige Richtung. Jedoch kann das Ziel privat nur sein, nur <u>einen</u> Buchstaben zu verwenden.

Vorschlag 2:
SCH & CH (ich) ➜ Ж (Russischer Buchstabe) Der russische Buchstabe wird wie in Charme gesprochen. Das trifft zwar nicht die Aussprache in „nicht" oder „ich". Aber reizvoll wäre die Gegenüberstellung mit dem Vorschlag aus einem „CH (wie in Dach)" ein „X" zu machen. Denn die Buchstaben „X" und „Ж" sehen ähnlich aus.

Vorschlag 3:
SCH & CH (ich) ➜ Ş (Türkischer Buchstabe) Der Buchstabe mit der Cedille ist nicht ganz leicht zu unterscheiden vom S. Der Vorschlag fällt aber

in die engere Auswahl, weil kurz und ein vertrauter Buchstabe, wenn auch mit Cedille.

Vorschlag 4:
SCH & CH (ich) ➔ Ш (Russischer Buchstabe)

Dieser russische Buchstabe wird ähnlich wie in „nicht" oder „ich" ausgesprochen. Also nicht wie in „Charme" oder „Garage". Allerdings ist hier für meine Augen die Gefahr der Verwechslung mit dem „W" sehr groß.

Ç für TSCH wie „Tschüß"

tsch ➔ tж ODER ç

Der Laut „TSCH" könnte wie „TŞ" oder wie „ТЖ" geschrieben werden.
Oder ich könnte mir überlegen, ihn auf einen Buchstaben zu verkürzen.

offiziell	privat
TSCH, tsch	TŞ, tş / ТЖ, tж oder Ç, ç

Vorschlag 1:
TSCH ➔ Ç (Türkischer Buchstabe)
Die Cedille unter dem C ist ggf. schwer zu sehen.

Vorschlag 2:
TSCH ➔ Ч (Russischer Buchstabe)
Der russische Buchstabe ist mit der Zahl 4 leicht verwechselbar.

F statt PH

ph ➔ f

Gerne würde ich auch die letzten noch verbliebenen Wörter mit „PH" wie Philosophie mit „F" schreiben, demnach „Filosofi".

offiziell	privat
Phase	Fase / Fáse
Photo / Foto	Foto
Pharma	Farma
Pharao	Farao
Phrase	Frase
Phenol	Fenol
Phobie	Fobi
Phönix / Phoenix	Föniks
Photon	Foton
Physik	Fysik
Phalanx	Falanks
Phallus	Falus
Phantom	Fantom
Philipp	Filip
Phänomen	Fänomen
Phosphat	Fosfat
Phosphor	Fosfor
Pharmazie	Farmazi
Philosophie	Filosofi
Phantast / Fantast	Fantast

Usw.

T statt TH

th ➜ t

Bereits um 1900 wurden offiziell viele „TH"-Wörter in einfache „T"-Wörter umgewandelt. Wie z.B. „That" zu „Tat" Das könnte auch mit den verbliebenen geschehen. „Tathergang" irritiert und könnte „Tatgang" lauten?

offiziell	privat
Apotheke	Apoteke
ästhetisch	ästetiж
Bibliothek	Bibliotek
Diskothek	Diskotek
Ethik	Etik
ethnisch	etniж
katholisch	katoliж
Mathematik	Matematik
Methapher	Metafer
Methode	Metode
Mythos	Mytos
Orthographie	Ortografi
Orthopädie	Ortopädi
Panther	Panter
Pathos	Patos
Rhythmus	Rytmus
Sympathie	Sympati
Theater	Teater
Theke	Teke
Thermometer	Termometer
Thermosflasche	Termosflaжe
Theorie	Teori
Telepathie	Telepati

Therapie	Terapi
Thema	Tema
Thron	Tron
Thunfisch	Tunfiж
Thymian	Tymian

Unter den Namen gibt es: Äthiopien, Athen, Matthias, Thomas, Thailand, Thüringen.

R statt RH

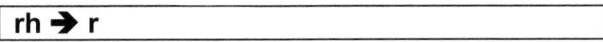

rh ➜ r

Neben PH und TH ist noch RH zu beachten:

offiziell	privat
Diarrhö	Diarö
Myrrhe	Myre
Katarrh	Katar / Katàr
Rhabarber	Rabarber
Rhein	- belassen: Flußname
	- Rein (wie rein)
	- Reîn (langes „i")
	- Rain (div. Orte)
	- Rayn
	- Reyn (Viskosität)
Rhesus	Resus
(-faktor, -affe)	(-faktor, -afe)
Rheuma	Reuma / Roima
Rhetorik	Retorik
Rhombus	Rombus
Rhône	- belassen: Flußname

ğ oder ñ für „ng"

| ng ➜ ñ ODER ğ |

Viele Wörter mit Endung „-ng" könnten auf einen
Buchstaben verkürzt werden. Je nach Wort klingt
es eher wie ein „N" (ñ) oder ein „G" (ğ).

offiziell	privat
eng	eñ
Achtung	Axtuñ
Angst	Ağst

F statt PF am Silbenanfang?

| pf (Silbenanfang) ➜ f |

PF könnte am Silbenanfang zu F werden, ohne
die Aussprache des Wortes zu gefährden. Doch
manche Leute sprechen das „PF" deutlich aus.
Bei „erschöpft" in der Wortmitte hört man „p".

offiziell	privat	Ähnlich
Pferd	Ferd	fä(h)rt
Pferde	Ferde	Fä(h)rte
Pforte	Forte	Pianoforte
Empfehlung	Emfeluñ	
erschöpft	**erжöpft**	
Pflicht	Flиxt	
Pfote	Fote	
Pfand	Fand	fand/finden

Scharfes S – sz, ß (2)

Privat nur einfaches „s"

s, ss, ß ➜ s

Das Einfachste scheint mir zu sein, wenn alle
Varianten des „S" auf ein einfaches „S" reduziert
würden.

offiziell	privat
s	s
ß (früher: sz)	s
ss	s

Die 2 Wörter „das" und „daß"

Bei der Untersuchung, ob das machbar ist, reicht
es nicht aus, sich nur die sehr kurzen Wörter
„das" und „daß" (dass, dasz) anzuschauen. Denn
es darf nicht zu Verwechslungen kommen.

offiziell		privat	
Wort 1	Wort 2	Wort 1	Wort 2
das (dies, welches)	daß/dass dasz	das	dàs/das

Im Prinzip werden bei „das" UND bei „daß" die
beiden „S" scharf gesprochen. Immerhin
unterscheidet man offiziell die unterschiedliche
Bedeutung, indem einmal ein einfaches „S"
benutzt wird und im zweiten Fall nicht. Privat
würde ich den Unterschied am Vokal festmachen,
obwohl beide „A" kurz gesprochen werden.

Wenn beidemale nur „das" geschrieben würde, erspart man sich zu überlegen, wie man es je nach Sinn gerade schreiben muß: Ist es ersetzbar im Sinn von „welches" u.ä. oder nicht? Wenn nicht, dann ist es „daß" (dass, dasz).

Glaubensfrage sz, ß oder ss?

Das scharfe S scheint mir fast eine Frage des Glaubens zu sein. Was wurde nicht schon seit Jahrhunderten an ihm gefeilt. Schreiber und Literaten – z.B. um 1840 – schrieben teils „dass", teils „daß". Vor dem 19. Jahrhundert stand da ein „dasz", wobei das „sz" bekanntlich zu einem „ß" vereint wurde (vormals Sütterlin-Schrift).
In Deutschland wurde nach 1996 zumindest nach lang gesprochenen Vokalen das „ß" belassen und 2008 sogar bei Großbuchstaben juristisch verankert. Nach kurz gesprochenen Vokalen ging 1996 das „ß" in ein „ss" über.
Privat würde ich mir ein einfaches „s" – in allen Fällen (!) wünschen. Das ist das einfachste von der Welt und ein dritter Weg. Nur bei den wenigen Ausnahmen, wo zwei Wörter mit verschiedenem Sinn dadurch gleich geschrieben werden, würde ich ein diakritisches Zeichen direkt am Vokal festmachen.
Meine erste Grundschullehrerin bat mich 1973/74 freundlich zu einem Vieraugen-Gespräch, als sie mein „ß" anstrich, aber nicht als Fehler, sondern mit dem Grund, daß es von ihr noch nicht für die Schulklasse eingeführt war.

Schweiz ohne ß – Masse & Busse

SCHWEIZ: ß ➜ ss

In der Schweiz verzichtet man komplett auf das „scharfe S", also „ß" und verwendet stattdessen immer ein „ss". Es gibt Ortschaften und Familiennamen, die vor dem „ss" ein „Y" tragen, um anzudeuten, daß das „i" lang gesprochen wird (Beispiele: Lyss [8] = Ließ und Wyss = Wieß).
In der Schweiz hat das den Effekt, daß ein „ss" nicht unbedingt bedeutet, davor wäre ein kurz gesprochener Vokal.

Deutschland	Schweiz	privat
Masse	Masse	Màse
Maße	Masse	Mase
Busse	Busse	Bùse
Buße	Busse	Buse

In der Schweiz müssen also zusätzlich Wörter aus dem Sinn und dem Satzzusammenhang heraus erkannt werden, so wie bei „modern" (neuartig) und „modern" (faulen). Aus dem SZ, ß (wie in der Schweiz oder teils bereits z.B. im 19. Jh. in Deutschland) ein Doppel-S (ss) zu machen, halte ich für falsch, weil ein Doppelkonsonant offiziell den Vokal davor „kurz macht".

In Gau-Bickelheim hält man sich 2 Optionen offen: Wißberg (kurz) und Wiesbach (lang).

---

[8] In einem Buch zur Geschichte von Lyss wird sogar der Brand des Mainzer Doms im Jahre 1009 n.Chr. erwähnt.

Reisen, reißen, reizen, reichen

Betrachten wir hier noch die Zischlaute und das „Z" in den Wörtern mit rei[…]en.

offiziell	Schweiz	privat 1	privat 2
reisen	reisen	reisen	raisen
reißen	reissen	reisen	raisen
reizen	reizen	reizen	raizen
reichen	reichen[x]	reiжen	raiжen

Der Unterschied von reisen und reißen kann bei mir nur am Vokal davor festgemacht werden. Bei einem Diphthong wie „au", „ei" usw. kann das nur der zweite Vokal sein. Weil die „ei" bei reißen und reisen kurz gesprochen werden, ist ein „reissen" (Schweiz) gar nicht so verkehrt. Privat würde ich das „i" bei „reißen" punktlos machen.

Faß/faß! zu Fass/fass! (eindeutig?)

Bei der Rechtschreibreform ´96 sind beide Wörter (Faß wie Tonne, faß! von fassen) geändert worden: von „ß" auf „ss". Durch Änderung **von beiden** in die gleiche „Richtung" sind sie weiterhin am Satzanfang nicht spontan unterscheidbar bzw. nicht eindeutig.

vor 1996	ab 1996	privat	Sinn
Faß	Fass	Fàs	Tòn(n)e
faß!	fass!	fas!	fas(s)en

53

weis (wissen) & Farbe wais?

An weiß/weis gibt es mehrere Dinge zu zeigen.

a) Eindeutigkeit wird verletzt (Farbe, klug)
b) Nach kurzem „ei" kein Doppelkonsonant
c) Laut ist „ai", aber nicht „ei"
d) Soll aus dem „w" ein „v" werden?

offiziell	Schweiz	privat	Sinn
weiß	weiss	wais/weîs	Farbe
weiß	weiss	weis	wis(s)en
weise	weise	weise	klug

Wieso wird nicht klar die <u>Farbe „weiß"</u> von den Konjugationen des <u>Infinitivs „wissen"</u> separiert? Wenn jemand „weise" ist, dann sollte es erlaubt sein zu schreiben: „er / sie / es weis es" (statt weiß). Die Farbe würde ich mit „ai" notieren.

offiziell	privat	ähnlich	privat
wissen	wɪsen	Wiesen/Pl.	Wîsen
ich weiß	ich weis	weiß/Farbe	wais
du weißt	du weist	du weißt / (tünchen)	du waist
wir wissen	wir wɪsen	wir wiesen an	wir wîsen an
ihr wisst	îr wist		

heiß (warm) und „ich heiße"

Hier könnte ich für mich persönlich die Chance nutzen und bei einem der beiden „heiß" ein „ai" verwenden, um Eindeutigkeit herzustellen.

offiziell	privat
ich heiße (heißen)	ich heise (heisen)
heiße Metalle	haise Metale

Eine andere Möglichkeit wäre ein diakritisches Zeichen auf dem „e" oder dem „i". Oder eben kein i-Punkt.

offiziell	privat
ich heiße (heißen)	ich heise (heisen)
heiße Metalle	heıse Metale
heiße Metalle	hèise Metale

Abgleich ß auf s

Einige Wörter sollte ich untersuchen, um zu sehen, ob es bei einer Umstellung von „ß" auf „s" zu Schreibungen kommt, die gleich werden.

Kurze Wörter:

Vor 1996	Nach 1996	privat
aß	aß	as, ás
As	Ass, As	As
Aas	Aas	Ás
aßt	aßt	ást

Ast	Ast	Ast
es	es	es
eß (iß)	ess (iss)	ès
ist	ist	ist
ißt	Isst	ıst

Übrige Wörter (Auswahl)

Vor 1996	**Nach 1996**	**privat**
außen	außen	ausen
außer	außer	auser
Ausmaß	Ausmaß	Ausmas
beließ	beließ	belis
Buße	Buße	Búse
Busse	Busse	Bùse
Fliesen	Fliesen	Flîsen
fließen	fließen	flisen
Floß	Floß	Flós
floß	floss	flos
Fuß	Fuß	Fus
Geisel	Geisel	Geisel
Geißel	Geißel	Gaisel
Geiseln	Geiseln	Geiseln
geißeln	geißeln	gaiseln
Geschoß	Geschoss	Geжоs
gießen	gießen	gisen
Gießkanne	Gießkanne	Giskane
heiße	heiße	ich heise
heiße	heiße	haise (warm)
Kuß	Kuss	Kus
ließ	ließ	lis
lies	lies	lîs
Maße	Maße	Máse

56

Masse	Masse	Màse
reißen	reißen	raisen
reisen	reisen	reisen
Schloß	Schloss	Жlos
Schoß	Schoß	Жos
Spaß	Spaß	Spas / Жpas
Spieß	Spieß	Spis / Жpis
stieß	stieß	stis / жtis
verließ	verließ	verlis / ferlis
Verlies	Verlies	Verlîs / Ferlîs
weiß (wissen)	weiß	weis
Weiß (Farbe)	Weiß	Wais
weise	weise	weise

Abgleich ss auf s

Einige Wörter sollte ich untersuchen, um zu sehen, ob es bei einer Umstellung von „ss" auf „s" zu Schreibungen kommt, die gleich werden.

Kleine Auswahl an Wörtern:

Vor 1996	Nach 1996	privat
Gase	Gase	Gáse
Gasse	Gasse	Gàse
lassen	lassen	làsen
lasen	lasen	lásen
Nase	Nase	Náse
nasse	nasse	nàse
Nässe	Nässe	Näse

Riese	Riese	Rîse
Risse	Risse	Rɪse
wissen	wissen	wɪsen
Wiesen	Wiesen	Wîsen

TZ, CK und DT (2)

TZ zu Z, CK zu K und DT zu D wäre mein Wunsch. Hier einige Beispiele:

offiziell	privat	ähnlich
jetzt	jezt	
putzt, putzen	puzt, puzen	
Katze	Kaze	
setzen	sezen	
hacken	hàken	Haken
backen	bàken	Bake, Baken
Fleck	Flek	
flicken	fliken	
Jacke	Jake	
Stadt, Städte	Stad, Städe	(Staat, statt)
lädt	läd	(LED)
beredt	bered	
bewandt	bewand	
gewandt	gewànd	Gewand

Eindeutigkeit (3)

CH-V-G

ch (ж,х,k) / v(f,w) / g(g,ж)

Untersuchen wir hier die Buchstaben „V, G" und den Digraph „CH", bei denen nur indirekt klar ist, wie sie ausgesprochen werden.

offiziell	privat
CH / „ich"	SH, Ж, Ş / „iж", „iş"
CH / „Dach"	X / „Dax"
CH / „Christ"	K / „Krist"
V / „verstehen"	F / „ferstehen"
V / „Vase"	W (oder V) / „Vase" (alle „W" zu „V": Wase?)
G / „Geburt"	G / „Geburt"
G / „Garage"	SH, Ж, Ş / „Garaş/же"

Es gibt deutschsprachige Dialekte, die häufiger ein „CH" (Ach-Laut) aussprechen, als das im Hochdeutschen der Fall ist, und zwar auch nach „e" und nach „i" sowie nach „ä, ö und ü".

Diphthong / Doppellaut (5)

| eu (oi) / ei (ai) |

Doppellaut EU zu Oi

Hier hätte ich im Gegensatz zu „ai" und „ei" keine Bedenken, zu schreiben wie bei z.B. dem Familiennamen „Stoiber" (statt „Steuber").
Es kann aber auch so belassen werden, weil meine Hauptanliegen eher die Verkürzung der Wörter und die Eindeutigkeit sind.

Doppellaut Ei zu Ai

Wenn jedes Wort mit dem gleichen Klang wie in „Mai" und „Kaiser" geschrieben würde, also mit „ai" statt mit „ei" dann hätte man z.B. bei den beiden Wörtern „Saite" und „Seite" eine gleiche Schreibung und müßte mit „Saîte" von „Saite" unterscheiden. Aber auch hier würde ich meinen, es kann „ei" belassen werden.
Denn es bringt keine Verkürzung, wenn das „ei" auf das „ai" geändert wird.

offiziell	privat	Optional	verwandt
Seite	Seite	Saite	Blatt
Seide	Seide	Saide	Kleidung
Saite	Saite	Saîte	Violine

Belassen von „ei" als Chance

Zwei Wörter, die bereits seit alters her durch den Unterschied „ai" und „ei" eindeutig in Schreibung und Sinn sind, sollten so belassen werden, also weder eines der Wörter von „ai" nach „ei" oder von „ei" nach „ai" ändern.

- Seite und Saite (mit „d": Seide)

Bei Wörtern, die bisher gleich geschrieben werden, böten sich die Gelegenheit und Chance, die Wörtern nicht durch diakritische Zeichen, sondern durch Einführung des „ai" unterscheidbar zu machen. Dies wird auch an anderer Stelle in diesem Heft diskutiert.

- „ich heiße" zu „ich heise"
- „heiße Metalle" zu „haise Metale"

- „ich weiß" zu „ich weis" (wissen)
- „weiß" (Farbe) zu „wais"

Trotz kurzer Aussprache nach „au, ei"

Im Deutschen scheint mir der Diphthong im Wort „weiß" kurz gesprochen. Trotzdem ändert es niemand auf „weiss". Ebenso verhält es sich z.B. bei dem Wort „außen", welches auf „aussen" umgestellt hätte werden müssen, falls man der Meinung gewesen wäre, das „au" wäre ein kurzer Laut. In der Schweiz sieht die Lage „ganz

einfach" aus. Dort wurde aus jedem „ß" ein „ss"
gemacht.

Deutschl.	Schweiz	Sinn	Privat
Weise	Weise	Art	Waise
Waise	Waise	Elternlos	Wàise
weiß	weiss	Wissen	wais
weiß	weiss	Farbe	Waîs
weis(e)	weis(e)	Klug	wáis(e)

Bei der „Farbe" und der „1.+3. Person Einzahl
(Singular) von „wissen" kann man auch nach der
Rechtschreibreform die Wörter anhand der
Schreibung nicht unterscheiden. Man hätte bei
einem der Wörter auf „weis" umstellen können.

Trotz kurzer Aussprache nach „ch"

Etwas skurril ist der Gedanke den Digraph „CH"
zu verdoppeln, weil der Vokal davor kurz
gesprochen wird.

offiziell	skurril	privat
dichter	dichchter	diꭓter
Dichter/in	Dichchter/in	Diꭓter/in

ST, SP und QU (5)

sp (жp) / qu (kv ODER kw)

ST, SP im Norddeutschen

Aus Norddeutschland, insbesondere über Radio und Fernsehen aus Hamburg ist zumindest vor wenigen Jahrzehnten noch bekannt gewesen, daß man dort kein „scht" und kein „schp" spricht, sondern ein „st" und „sp" wie es geschrieben wird. Wenn man das Lautbild an das heutige Hochdeutsch anpassen wollte, müßte hier Жt / Şt und Жp / Şp stehen.
Man vergleiche dazu die Interviews im Fernsehen von Günter Gaus (1929 – 2004). Im Großraum Hamburg würde man beim „Sp" und „St" bleiben. Es geht nicht um „st", „sp" auf zwei Silben, wie „Gäs-te", obwohl es „Gäschde" im Dialekt gibt.

QU laut Klang ein KW

Aquarium wird im Dänischen nicht mit QU, sondern KV geschrieben, also „Akvarium".
Wie bei den Diphthongen ei (ai), eu (oi) bringt ein Wechsel keinen Vorteil bei der Verkürzung von Wörtern und es gibt auch keine Probleme mit der Eindeutigkeit bzw. Verwechslungsgefahr.
Privat könnte ich mir vorstellen – wegen dem Argument „Klang" – von QU auf KV zu wechseln; nicht auf KW, weil „V" kürzer als „W".

Eindeutiges „V" (3)

v(f) ➔ f // v(w) ➔ w ODER v

„V" am Wortanfang – Aussprache „W"

Bei Eindeutigkeit (s.o.) hatte ich erwähnt, daß „V" nach Aussprache „F" oder „W" unterschieden werden könnte.
Dazu stellen sich folgende Fragen:
- Falls V wie W gesprochen ➔ V belassen?
- Jedes W in V umwandeln, weil kürzer?

Liste von Wörtern:

offiziell	belassen	privat
Vagabund	ja	
Valentin	ja	
Vampir	ja	
Vanille	V ja, aber	Vanile
Variante	ja	
Vase	ja	
Veganer	ja	
Vegetarier	ja	
Vektor	ja	
Ventil	ja	
Ventilator	ja	
Veranda	ja	
Verb	ja	
Version	ja	
vibrieren	V ja, aber	vibriren
Video	ja	
Villa	V ja, aber	Vila
violett	V ja, aber	violet

Violine	ja	
Viper	ja	
Visite	ja	
Visitenkarte	ja	
Visum	ja	
Vitamin	ja	
Vitrine	ja	
Vokal	ja	
Volleyball	V ja, aber	Voleybal
Vulkan	ja	

„V" in Wortmitte/-ende – wie „W"

Liste von Wörtern, wo Silben mit „v" beginnen (nur Auswahl, Beispiele):

offiziell	belassen	privat
aktivieren	v ja, aber	aktiviren
Cuxhaven	v ja, aber	Kukshaven (?)
Hannover	v ja, aber	Hanover (?)
Klavier	v ja, aber	Klavir
Pullover	v ja, aber	Pulover
Revolver	ja	
servieren	v ja, aber	serviren
Travemünde	ja	

„V" Singular wie F, Plural wie W

Soll man bei Wörtern, bei denen der Singular wie „F" und der Plural wie „W" gesprochen wird, die

Schreibung beim Singular ändern auf „F"? Oder soll der Plural ebenso „F" gesprochen werden?

offiziell	belassen	privat
Archiv	nein?	Arжif (?)
Archive	v ja, aber	Arжive
attraktiv	nein?	atraktif (?)
attraktive	v ja, aber	atraktive
Motiv	nein?	Motif (?)
Motive	ja	
passiv	nein?	pasif (?)
passive	v ja, aber	pasive

Es ist interessant, daß in Italien und England z.B. das „CH" in „Archiv" wie „K" gesprochen wird. Im Italienischen soll „H" nach „C" vor hellen Vokalen „e,i" bekanntlich anzeigen, daß das „C" nicht wie „SCH", sondern wie „K" gesprochen wird.

„W"-Fremdwörter nach V wechseln?

Sollen folgende Fremdwörter mit W wieder mit V geschrieben werden – wie ihre Ursprünge?

offiziell	Ursprung	Land	privat
Ingwer	siṅgivera [9]	Indien	Ïṅver
Karawane	karvan [10]	Persien	Karavane

---

[9] Klein „n" mit Punkt darüber: 1E45 ALT+C Unicode (hex) aus: unicode.e-workers.de (punkt_oben), aufgerufen am 13.4.2020 / Wortursprung aus Wikipedia dt. „Ingwer"
[10] Aus Wikipedia dt. „Karawane", aufgerufen 13.4.2020

Krawatte	cravate [11]	Frankr.	Kravate
Lawine	lavina	Alpinrom	Lavine

„V" statt „W" – Aussprache „W" (ggf.)

Sollen alle „W's" mit „V" ersetzt werden? V ist kürzer als W. Eine Verwechslung mit F gäbe es nicht, wenn dort von V auf F gewechselt würde.

offiziell	privat 1	privat 2
Wert, Wurst, Wald, Wasser	Wert, Wurst, Wald, Waser	Vert, Vurst, Vald, Vaser

„F" statt „V" – Aussprache „F" (ggf.)

offiziell	privat
verstehen	ferstehen / fersteën
	verstehen / versteën
viel	fil / fîl / vil
fiel (fallen)	fil / fîl

„f" ist in Druckschrift kürzer als „v".
Aber in Schreibschrift ist „V,v" einfacher zu schreiben als „F,f".

---

[11] Aus Wikipedia dt. „Krawatte", aufgerufen 13.4.2020

Überflüssige Typen?

V oder W, sowie Q, C, Y, ß

Folgende Buchstaben könnten im Deutschen nur dann wegfallen, wenn eine Unterscheidung fast gleich geschriebener Wörter unnötig wäre, oder Fremdwörter und Eigennamen bleiben sollen.

Buchstabe	Schreibung neu mit
V oder W	F, W oder V [12]
Q bzw. QU	K bzw. KW (oder KV)
C	K oder Z (Cicero, Cäsar)
Y	i, ü
ß	S (weder SS noch SZ)

„Überflüssige" statt Diakritische

Überflüssige Typen wären Alternative zu Vokalen mit diakritischen Zeichen. Hier ein „Versuch":

Vokal	Kurz	Lang
a	Λ	α
e	c	ε
i	I	y
o	q	Ω
u	v	ʊ

---

[12] „v,V" in Schreibschrift simpler als „f,F" (v-/f-erstehen)

Großes i mit Punkt? (4)

Wie zu Anfang bereits erwähnt:

Symbol	Bezeich.	Rat	Taste
i	kleines „i"	bleibt	
I → İ	großes „i"	Änderung	ALT+0304
l	kleines „L"	bleibt	
L	großes „L"	bleibt	

Weitere Zeichen von i sind:

Symbol	Bezeich.	Beispiel	Unicode
ï	i Trema kl.	Voltaïk	0457
Ï	i Trema gr.		0407
ı	i ohne Punkt		03B9,0131

Folgende weitere Buchstaben sind in Groß- und Kleinschreibung nicht einfach zu unterscheiden:

C, c	K, k	O, o, 0	S, s
U, u	V, v	W, w	X, x
Y, y	Z, z		

Buchstabieren Zahl (6)

13: „Zehndrei"

Ich hatte den Fehler als Grundschüler gemacht, daß ich auf ein Blatt Papier bzw. ins Schulheft bei den zweistelligen Zahlen zuerst die hintere Ziffer mit dem „Füller" hingeschrieben hatte und danach erst die vordere Ziffer links davon.

Das rächt sich nun in den Zeiten, wo vieles nur noch in elektronische Geräte eingetippt wird. Vor allem dann, wenn man ein Gegenüber am Telefon hat, der Zahlen durchgibt, die man schnell aufschreiben muß.

Für mich wäre es besser, man gibt die Ziffern einzeln durch oder nennt sie in der Reihenfolge:

Zahl	offiziell	privat
21	Einundzwanzig	Zwanzigundeins
53	Dreiundfünfzig	Fünfzigunddrei
87	Siebenundachtzig	Achtzigundsieben

Im Französischen hat man hier das Problem nicht. Doch Zahlen 70 bis 99 sind in den meisten Regionen der frankophonen Welt anders.

60+10=70 (soixante-dix / septante)
4x20=80 (quatre-vingt / huitante oder octante)
4x20+10=90 (quatre-vingt-dix / nonante)

ALT-Codes & Unicodes

Eingeben der Vokale und Konsonanten auf der Tastatur:

Diakritische Zeichen auf a,A und ä,Ä

Typ	privat	ALT-Code	Zeichen
á	a lang klein	ALT+160 ALT+0255	Akut
à	a kurz klein	ALT+133 ALT+0224	Gravis
â	ä lang klein	ALT+131 ALT+0226	Zirkum- flex
ã	ä kurz klein	ALT+0227	Tilde
Á	a lang groß	ALT+0193	Akut
À	a kurz groß	ALT+0192	Gravis
Â	ä lang groß	ALT+0194	Zirkumfl.
Ã	ä kurz groß	ALT+0195	Tilde

Diakritische Zeichen auf e,E

Typ	privat	ALT-Code	Zeichen
é	e lang klein	ALT+130 ALT+0233	Akut
è	e kurz klein	ALT+138 ALT+0232	Gravis
É	e lang groß	ALT+144 ALT+0201	Akut
È	e kurz groß	ALT+0200	Gravis

Diakritische Zeichen auf i,I & I zu İ

Typ	privat	ALT-Code	Zeichen
î	i **lang** klein	ALT+140 ALT+0238	Zirkum- flex
í	i lang klein (alternativ)	ALT+161 ALT+0237	Akut
ì	i kurz klein (alternativ)	ALT+141 ALT+0236	Gravis
Î	i **lang** groß	ALT+215 ALT+0206	Zirkum- flex
Í	i lang groß (alternativ)	ALT+0205	Akut
Ì	i kurz groß (alternativ)	ALT+222 ALT+0204	Gravis
İ	*i groß*	ALT+0304	Punkt
ı	*i klein*	0131 Unic.	punktlos

Diakritische Zeichen auf o,O und ö,Ö

Typ	privat	ALT-Code	Zeichen
ó	o lang klein	ALT+162 ALT+0243	Akut
ò	o kurz klein	ALT+149 ALT+0242	Gravis
ô	ö lang klein	ALT+147 ALT+0244	Zirkum- flex
õ	ö kurz klein	ALT+0245	Tilde
Ó	o lang groß	ALT+0211	Akut
Ò	o kurz groß	ALT+0210	Gravis
Ô	ö lang groß	ALT+0212	Zirkumfl.
Õ	ö kurz groß	ALT+0213	Tilde

Diakritische Zeichen auf u,U und ü,Ü

Typ	privat	ALT-Code	Zeichen
ú	u lang klein	ALT+163 ALT+0250	Akut
ù	u kurz klein	ALT+151 ALT+0249	Gravis
û	ü lang klein	ALT+150 ALT+0251	Zirkum- flex
ũ	ü kurz klein	ALT+0361	Tilde
Ú	u lang groß	ALT+0218	Akut
Ù	u kurz groß	ALT+0217	Gravis
Û	ü lang groß	ALT+0219	Zirkumfl.
Ũ	ü kurz groß	ALT+0360	Tilde

Zeichen auf/unter Konsonanten

Typ	ALT-Code	Zeichen
ç	ALT+0231	Cedille
Ç	ALT+0199	
ğ	ALT+0287	Breve
Ğ	ALT+0286	
ñ	ALT+0241	Tilde
Ñ	ALT+0209	
ş	ALT+0351	Cedille
Ş	ALT+0350	

Kyrillische Konsonanten

Typ	Unicode (hex)
ж	0436 ALT+C
Ж	0416 ALT+C
ш	0448 ALT+C
Ш	0428 ALT+C

Ausführung von ALT-Codes

ALT-Code(s) = Drücken der Taste „ALT" auf der Tastatur, Festhalten von ALT und dann die Ziffern nacheinander eingeben.

Ausführung von Unicode (hex)

Ziffern eintippen und anschließend die Taste ALT+C drücken (Ziffern nacheinander eintippen, Tasten jeweils loslassen und dann Drücken der ALT-Taste, Festhalten und das C dazudrücken).

Zu ALT-Codes gibt es auch Unicodes (hex) und umgekehrt. Meist sind die „Unicodes" im Internet einfacher aufzuspüren.

Spezielle Wörter

Sehr kurze Wörter – mit „i"

im ➜ ım / ihm ➜ îm

Sicherlich ist der Verzicht auf Dehnungs-H, „ie" und Verdopplung der Konsonanten besonders bei sehr kurzen Wörtern eine „interessante Aufgabe". Sie dürfen sich nicht zum Verwechseln ähnlich sehen.

offiziell		privat	
Wort lang	Wort kurz	Wort lang	Wort kurz
ihn	in	în	ın
ihm	im	îm	ım

Wichtig ist, daß es nicht mehr als 3 Varianten gibt, also z.B. noch das englische Wort „inn" für Kneipe; könnte wie İn aussehen. Maximal unterscheidbar wären kurzes und langes „i", wenn i-Dach î für lang gilt und ein „i" ohne Punkt „ı" für kurz (u.a. im Türkischen verwendet).

Wenn bei diesen kleinen Wörtern keine Zeichen auf die Vokale gesetzt würden, gäbe es in diesem Beispiel einen Konflikt in der eindeutigen Darstellung zwischen den Präpositionen „in, im" und den Personalpronomen „ihn, ihm". Gut, daß sie in der Aussprache verschieden sind, nämlich „kurz" und „lang", was die Wahl der Zeichen klar definiert.

Wörter mit 2 Bedeutungen

Arm, arm (Körperteil, mittellos)

Eine Auswahl von gleich notierten Wörtern mit unterschiedlichem Sinn steht hier in der Tabelle. Daran kann erkannt werden, daß auch bei der offiziellen Schreibung bestimmte Wörter alleinstehend leider nicht unterscheidbar sind.

Wort	im Sinne von	privat
Arm	Körperteil	Arm
arm	Besitz	àrm
ausführen	erläutern	ausfüren
ausführen	Waren, Zoll	ausfūren
ausführen	ausgehen	àusfüren
Ball	Kugel	Bal
Ball	Tanz	Bàl
Bank	Sitz	Bànk
Bank	Geldinstitut	Bank
einen	Akkusativ „ein"	einen
einen	schlichten	eınen
grillen	braten	grilen
Grillen	Insekt	Grılen
Hochzeit	Heirat	Hoxzait
Hochzeit	Blüte in Ära	Hóxzait
kosten	Essen probieren	kòsten
kosten	Preis	kosten
modern	neuartig	modern
modern	faulen	mòdern
Rasen	Wiese	Rasen
rasen	schnell fahren	rásen
rasen	vor Wut	rasen
Sehnen	Körperteil (Pl.)	Sénen

sehnen	begehren	senen
Sorgen	Kummer	Sorgen
sorgen	kümmern	sorgen
überlegen	nachdenken	überlegen
überlegen	stärker sein	überlégen
übersetzen	Ufer wechseln	übersézen
übersetzen	Sprache	übersezen
umfahren	umstoßen	ùmfaren
umfahren	ausweichen	umfaren
Waagen	Gewichte prüfen	Wágen
Wagen	Automobil	Wagen
wagen	riskieren	wagen
warten	erwarten	warten
warten	Maschine	wàrten
Weine	Getränk (Plural)	Waine
weine	weinen, heulen	weine

Aussprache „China" und „Chemie"

Im Hochdeutschen wird bei „China" und „Chemie"
jeweils ein „SCH" oder ein „CH" wie in „Charme"
oder „nicht" benutzt. In Süddeutschland, der
Schweiz und Österreich hören wir ein „K" wie in
„Chor". Was ist nun näher am Original?
Die Hauptstadt von Graubünden in der Schweiz
wurde an deren Bahnhof mit „Chur" durchgesagt,
wobei das „CH" wie in „ach" erklang.
China nennt sich nach der Ch'in-Dynastie [tɕʰin].
Das [ɕ] spricht sich wie englisch „sheep" (Schaf),
aber mehr ins „y" rein. Bei englisch „chemistry"
und italienisch „chimica" erklingt ein „K".

Still(l)eben u.a. „3 Konsonanten"

-[kkk]- ➜ -[kk]- (maximal 2 Konsonanten)

Ich muß zugeben, daß ich immer dachte, es sei ein „Stil-Leben" gewesen.
Allerdings bleibt anzumerken, daß man bei drei gleichen Konsonanten hintereinander nicht mehr weiß, ob es nun noch drei oder schon vier sind. So ähnlich wie man bei einem Fünfsterne Hotel nicht mehr auf Anhieb sehen kann, ob es nicht vielleicht bereits ein „Sechssterne-Hotel" ist.
Ich würde für mich zumindest auch hier alles so kurz wie möglich machen, also „Stilleben". Dazu müßten jedoch „still" und „Stil" verschieden geschrieben bleiben.

offiziell	Sinn in etwa	privat
still	Leise, ruhig	stıl
Stil	Eleganz	Stîl
Stil(l)leben	Alltag im Bild	Stılleben

Andere Wörter sind Eßsucht, Schiffahrt bzw. mit privaten Änderungen hin zu Essuxt, Жıffart.

Vor 1996	Ab 1996	privat
Eßsucht	Esssucht	Essuxt
Schiffahrt	Schifffahrt	Жıffart
Schifflotte	Schiffflotte	Жıfflòte

Ähnlich geschriebene Wörter (Auswahl)

Lamm, lahm

Bei den folgenden Wörtern reicht es ggf. nicht aus, nur auf einem der „gleich" geschriebenen Wörter ein diakritisches Zeichen zu setzen. Um das Gehirn nicht zu belasten, würde ich bei beiden Wörtern die Vokale markieren. Das geht jedoch nicht, wenn beide Wörter einen langen oder beide Wörter einen kurzen Vokal haben.

offiziell	privat	kürzer
Bahn	Bán	-1
Bann	Bàn	-1
Düne	Dûne	0
dünne	dũne	-1
Graf	Graf	0
Graph	Gráf	-1
heller	hèler	-1
Hehler	Héler	-1
Lamm	Làm	-1
lahm	lám	-1
Schiff	Жıf	-3
schief	жîf	-3
Stahl	Stál	-1
stahl (stehlen)	stal	-1
Stall	Stàl	-1
Uhr	Úr	-1
ur(alt)	ur(alt)	-1
wer	wer	0
Wehr	Wér	-1

Stark gekürzte Wörter (bis -5)

kürzer

Hier einige Beispiele von Wörtern, die bis zu fünf
Buchstaben kürzer aussehen würden.

offiziell	privat	kürzer	%
Durchschnitt	Durжжknit	-4	-33
geschah	geжa	-3	-43
geschehen	geжeën	-3	-33
geschehen	*geжehen*	-2	-25
Geschmack	Geжmak	-3	-33
Passstrasse	Passtrase	-2	-18
Passstraße	Passtrase	-1	-10
Paßstraße	Passtrase	0	0
Philosophie	Filosofi	-3	-27
Schach	Жax	-3	-50
schließlich	жlisliж	-4	-36
schliesslich	жlisliж	-5	-42
Schlussstrich	Жlusstriж	-4	-31
Schlußstrich	Жlusstriж	-3	-25
Schneeschauer	Жneжauer	-5	-38
Schneeschauer	*Жneжauër*	-5	-38
Schreck	Жrek	-3	-43
Schritttempo	Жrittempo	-3	-25
Schrittempo	Жrittempo	-2	-18
Schuh (/ -e)	Жu (/ -ë)	-3	-60
Schuhwichse	Жuwikse	-4	-36
Stofffetzen	Stoffezen	-2	-18
Stoffetzen	Stoffezen	-1	-10
Vieh	Fi	-2	-50
wahrscheinlich	warжeinliж	-4	-29

Zahlen, teils kürzer

Die Zahlen betrifft es in einem großen Ausmaß, falls auch „ei" und „eu" an den Klang angepaßt würden. Unterstrichen heißt: unverändert.

offiziell	privat	ggf.	ähnlich
Null	Nul		
Eins	*Eins*	*Ains*	
Zwei	*Zwei*	*Zwai*	
Drei	*Drei*	*Drai*	
Vier	Fir		
Fünf	Fünf		
Sechs	Seks		
Sieben	Siben / Sîben		sieben, i.s.v. durch ein Sieb schütten
Acht	Axt		Axt ➔ Akst
Neun	*Neun*	*Noin*	
Zehn	Zen		Zen (Linie des Buddhismus)
Elf	Elf		
Zwölf	Zwölf		
Zwanzig	Zwanzig		
Sechzig	SeXzig		
Hundert	Hundert		
Tausend	Tausend		

Offiziell gibt es keinen Doppelkonsonanten bei kurzen Vokalen, z.B. Elff, Zwöllf, Hunndert, Sechchzlg, oder Taussend usw. Die Zahl „7" ist offiziell vom Verb „sieben" nicht unterscheidbar.

Wochentage: 4 von 7 kürzer

offiziell	privat	Verkürzung
Sonntag	Sontag	-1
Montag	Montag	0
Dienstag	Dinstag	-1
Mittwoch	Mitwox	-2
Donnerstag	Donerstag	-1
Freitag	Freitag	0
Samstag	Samstag	0

Monate: 12x unverändert

offiziell	privat	Verkürzung
Januar	Januar	0
Februar	Februar	0
März	März	0
April	April	0
Mai	Mai	0
Juni	Juni	0
Juli	Juli	0
August	August	0
September	September	0
Oktober	Oktober	0
November	November	0
Dezember	Dezember	0

Eigennamen belassen

Bei Familiennamen, Vornamen und Ortschaften würde ich es privat so lassen wie es ist. Zum Beispiel sollte schon unterscheidbar sein, ob es „Offenburg" oder „Ofenburg" heißt. Das wäre allerdings auch mit einem „F" und diakritischen Zeichen auf dem Vokal möglich. Wenn ein deutscher Staatsbürger in der Schweiz arbeitet und sein Name ein scharfes S trägt, also „ß", dann wird er dort leider mit „ss" geschrieben.

Fremdwörter belassen

Fremdwörter würde ich für mich privat belassen wollen. Obwohl es auch anders möglich ist. Zum Beispiel „Spot" engl. (Stelle, erkennen) würde privat gleich geschrieben werden wie „Spott". Soll ich beide kurz gesprochenen Wörter unterscheiden, indem ich bei einem der beiden Wörter den Vokal „markiere"? Oder ergibt es sich aus dem Satzzusammenhang?

Die 207 häufigsten Wörter (um 1900)

Im dtv-Atlas zur deutschen Sprache (4. Auflage 1981) ist auf Seite 114 ein 3-stufiger Keil abgebildet, in den die 207 häufigsten Wortformen eingetippt sind.

offiziell	privat	offiziell	privat
die	di	der	der
und	und	in	in/ın
zu	zu	den	den/dén
das	das	nicht	niҗt
von	von	sie	si
ist	ist	des	des
sich	siҗ	mit	mit
dem	dem	daß/dass	das/dàs
er	er	es	es
ein	ein/ain	ich	iҗ
auf	auf	so	so
eine	eine/aine	auch	aux
als	als	an	an
nach	nax	wie	wi
im	im/ım	für	für
man	man	aber	aber
aus	aus	durch	durҗ
wenn	wèn	nur	nur
war	war	noch	nox
werden	werden	bei	bei/bai
hat	hat	wir	wir
was	was	wird	wird
sein	sein/sain	einen	einen
welche	welҗe	sind	sind
oder	oder	um	um

haben	haben	einer	einer
mir	mir	über	über
ihm	îm	diese	dise
einem	einem	ihr	îr
uns	uns	da	da
zum	zum	zur	zur
kann	kan	doch	dox
vor	vor/for	dieser	diser
mich	miжx	ihn	în
du	du	hatte	hate
seine	seine	mehr	mer
am	am	denn	dèn
nun	nun	unter	unter
sehr	ser	selbst	selbst
schon	жon	hier	hir
bis	bis	habe	habe
ihre	îre	dann	dan
ihnen	înen	seiner	seiner
alle	ale	wieder	wîder
meine	meine	Zeit	Zeit
gegen	gegen	vom	vom/fom
ganz	ganz	einzelnen	einzelnen
wo	wo	muß/muss	mus/mùs
eines	eines	können	könen
sei	sei/sai	ja	ja
wurde	wurde	jetzt	jezt
immer	imer	seinen	seinen
wohl	wol	dieses	dises
ihrer	îrer	würde	würde
diesen	disen	sondern	sondern
weil	weil/wail	welcher	welжker
nichts	niжxts	diesem	disem
alles	ales	waren	waren

will	wil	Herr	Her/Hèr
viel	vil/fil	mein	mein
also	also	soll	sol
worden	worden	lassen	làsen
dies	dis	machen	maxen
ihren	îren	weiter	weiter
Leben	Leben	recht	reжt
etwas	etwas	keine	keine
seinem	seinem	ob	ob
dir	dir	allen	alen
großen	grosen	Jahre	Jare
Weise	Weise	müssen	müsen
welches	welжes	wäre	wäre
erst	erst	einmal	einmal
Mann	Man	hätte	häte
zwei	zwei	dich	diж
allein	alein	Herren	Hèren
während	wärend	Paragraph	Paragraf
Liebe	Libe	andere	andere
kein	kein	damit	damit
gar	gar	Hand	Hand
Herrn	Hèrn	euch	euж/оiж
sollte	solte	konnte	konte
ersten	ersten	deren	deren
zwischen	zwiжen	wollen	wolen
denen	denen	dessen	desen
bin	bin	Menschen	Menжen
sagen	sagen	gut	gut
darauf	darauf	wurden	wurden
weiß	weis/weιs	gewesen	gewesen
Seite	Seite	bald	bald
weit	weit	große	grose
solche	solжe	hatten	haten

eben	eben		andern	andern
beiden	beiden		macht	maxt
ganze	ganze		sehen	seën
anderen	anderen		lange	lange
wer	wer		ihrem	îrem
zwar	zwar		gemacht	gemaxt
dort	dort		kommen	komen
Welt	Welt		heute	heute/-oi-
Frau	Frau		werde	werde
derselben	derselben		ganzen	ganzen
deutschen	deutжen		läßt	läst
vielleicht	villeiжt		meiner	meiner

Unregelmäßige Verben

Ich wollte an dieser Stelle auch auf die Verben eingehen, die unregelmäßig sind.
Vielleicht würde ich sonst die ein oder andere Verwechslungsgefahr übersehen.
Ich würde wie bei Generale und Kardinale gerne auf Generäle und Kardinäle verzichten. Ebenso verhält es sich mit „du bäckst" oder „du backst".

Infinitiv	offiziell	privat	ähnlich
backen	backen	baken	Backen
backen	backe	bake	Backe
befehlen	befahl	befál	Befall, -àl
beginnen	beginne	begine	Begine
beißen	biss / biß	bis, bıs	bis
bieten	bot	bot	Boot, Bót
binden	binden	binden	Binden
binden	binde	binde	Binde

binden	band	band	Band
binden	bände	bände	Bände
bitten	bitten	bɪten	bieten, -î-
essen	ißt / isst	ɪst	ist (sein)
essen	aß	as	As, Aas
fallen	fiel	fil	viel, vil, fîl
heißen	heißen	heisen	
heißen	heiße	heise	heiß, -s
können	kann	kan, kàn	Kahn, Kán
lassen	lassen	làsen	lasen, -á- (lesen)
lesen	liest	lîst, list	List, Lɪst
müssen	muß/muss	mùs	Mus, Mús
messen	miß/miss	mis, mɪs	mies, mîs
preisen	preis(e)	preis(e)	Preis(e)
raten	riet	rît	Ritt, Rɪt
raten	riete	rîte	Ritte, Rɪte
reiben	rieb	rîb	Rib (engl.)
reißen	reiße	reise	Reise
reißen	riß/riss	rɪs	Ries
reißen	reis	reis	Reis
reißen	risse	rɪse	Riese
reiten	ritt	rɪt	riet, rît
rinnen	rann	ràn	ran
schießen	schoß /-ss	ӂòs	Schoß, -ó-
spinnen	spann	spàn	Span, -á-
stehlen	stahl	stal	Stahl, -á-
weisen	wiese	wise	Wiese
winden	wand	wand	Wand
wissen	wissen	wɪsen	Wiesen
ziehen	ziehe	zië	zieh

Dialekt, eigener

Die Vergangenheitsform „Perfekt" von „scheinen" ist „geschienen", aber in meiner Gegend wird auch „gescheint" gesagt, z.b. „die Sonne hat gescheint". Statt „der Bach" habe ich auch „die Bach" gehört.
Oft wird bei zwei Vokalen hintereinander einer davon weggelassen, z.b. „aach", statt „auch". Am Mittelrhein war es vor Jahrhunderten wie in der Schweiz, im Elsaß, in Holland usw. ebenfalls „Hus" für „Haus", vgl. „Mulhouse". Laut dtv-Atlas der deutschen Sprache kommt das „Haus" aus Graz in Österreich.
Siehe auch unter Kapitel „Teilverzicht auf Diphthonge".

Kürzer ohne Genitiv-S im Wort

Folgende Beispiele zeigen, wie Wörter etwas kürzer sein könnten, wenn man auf den Genitiv bei zwei zusammengesetzten Wörtern verzichten würde.
Eine Anekdote aus einem persönlichen Erlebnis ist, daß andere und ich in der Militärzeit 1986/87 in der Eifel von einem der Unteroffiziere korrigiert wurden und es nicht Essensausgabe, sondern Essenausgabe heißen würde.

So könnte es auch lauten:
Bahnhofviertel statt Bahnhofsviertel
Bahnhofkneipe statt Bahnhofskneipe
Kapitänmütze statt Kapitänsmütze

Weiter gedacht ließe sich aus doppeltem Genitiv ein einfacher (einzelner) Genitiv machen.

Eingang des Bahnhofviertel<u>s</u>
Eingang des Bahnhof<u>s</u>viertel<u>s</u>

In Kassel (Nordhessen) und Potsdam heißt es „Garniso<u>nk</u>irche" und nicht „Garniso<u>nsk</u>irche".

Dativ und Akkusativ besser mit Artikel

Etwas mehr Aufwand würde ich treiben bei Sätzen, in denen Dativ und Akkusativ direkt hintereinander folgen.
Sonst finde ich es teilweise nicht eindeutig was noch zum Dativ und was schon zum Akkusativ gehört. Kritisch wird es bei Vornamen, wenn eine Person oder beide Personen mehrere davon haben.

Er hat seiner Frau (die) Waffeln gebracht.
Er serviert (die) Cocktails
Sie hat Herbert Gustav geschickt.
Sie hat <u>dem</u> Herbert <u>den</u> Gustav geschickt.
Sie hat Anna Maria Lisa geschickt.
Sie hat <u>der</u> Anna <u>die</u> Maria Lisa geschickt.
Er hat Karl Heinz G. Josef geschickt.
Er hat <u>dem</u> Karl <u>den</u> Heinz G. Josef geschickt.

Das Thema hat zwar nichts mit der Schreibung zu tun, liegt mir aber am Herzen.

Genera/äle, benu/ützen

Ob man in der Mehrzahl (Plural) aus einem „a"
ein „ä" macht, ist vielleicht Geschmacksache. So
könnte man auch Generale sagen. Das war
sicher auch ein Thema in meiner Zeit beim Militär.
Kapitän kann in Mehrzahl nur Kapitäne sein. Ich
würde „benutzen" dem „benützen" vorziehen.

Vermeidung von langen Wörtern

Donaudampfschiffahrtsgesellschaft usw. (plus -
Kapitän) finde ich umständlich. Ich würde auf
allzu viele Zusammensetzungen verzichten,
zumal ich die Trennung von Wörtern ablehne.

Unterschied g,k & d,t & ä,e usw.

Einige Wörter klingen gleich oder sehr ähnlich
und sie unterscheiden sich in einem „anderen"
Buchstaben. Um zu verstehen, was ich meine,
gebe ich folgende Beispiele:

offiziell	privat	ähnlich
Säcke	Säke	Säge
trenne	trene	Träne
wählt	wält	Welt
litt	lit	Lid

Sehr kurze Adverbien

Manch ein Adverb ist bereits offiziell sehr kurz, manche würden noch kürzer werden.

offiziell	privat
so	so
nie	ni

Adjektive, Adverbien im adj. Gebrauch

Hier sollen Adjektive und Adverbien im adjektiven Gebrauch betrachtet werden:

offiziell	privat
nah	na
roh	ro
weh	we

Betrachten wir einen Teil der Flexionen:

Positiv	Komparativ	Superlativ
na	näer / näher	am näksten
ro	roër / roher	am roësten
we	weër / weher	am weësten

Wenn ich den Superlativ „abkürze", dann besteht die Gefahr der Verwechslung:

Superlativ	ähnlich/gleich
am rósten	rosten (Rost)
am wésten	Westen

Bereits offiziell gleich sind:

Wort	ähnlich/gleich
näher	Näher(in)
er/sie/es naht	die Naht

Privat würde es in die gleiche Richtung wechseln:

Wort	ähnlich/gleich
näer / näër	Næer/Næër(in)
er/sie/es nat	di Nát

Die Frage ist: Soll das „H" im Komparativ und im Superlativ geschrieben werden, wenn es im Positiv (Grundform) bei mir weggelassen wird? Wie deutlich ist dieses „H" hörbar? Es kann von Person zu Person wohl verschieden sein.

Die 3 Stufen des Wortes „hoch" sind überaus verschieden:

	Positiv	Komparat.	Superlativ
offiziell	hoch	höher	am höchsten
privat	hox	höher/höër	am höksten

Im Schweizerdeutsch ist die Steigerung von „hoch" regulärer, was die Aussprache angeht.

	Komparativ	Superlativ
offiziell	höher	am höchsten
Schweiz	höcher (ach)	höchsten (ach)
privat CH	höxer	am höxsten

Kurz und klein (7,8)

Zusammen, auseinander? (7)

xxyy ODER xx yy

Privat würde ich gerne die Wörter eher kurz (!) halten. Jedoch muß auf die Bedeutung Acht gegeben werden. [13] Der Sinn kann zwischen „getrennt" und „zusammen" verschieden sein, muß aber nicht.

Wort	Bedeutung (ca.)
zusammensparen	Geld von überall
zusammen sparen	2 Personen sparen
zurechtkommen	klarkommen
zurecht kommen	mit Recht kommen
klarkommen	auf die Reihe kriegen
klar kommen	eindeutig kommen

Groß oder klein? – Duden 1949 (8)

[B] ODER [b]

Hier kann ich mich bereits kaum noch erinnern wie es im Einzelnen vor 1996 ausgesehen hat.
Ich würde die Kleinschreibung bevorzugen. Im Englischen z.B. benutzt man im Wesentlichen die Großschreibung nur noch am Satzanfang und bei Namen von Personen oder Städten.

---

[13] Duden Taschenbuch: Leicht verwechselbare Wörter

Zunächst von „klein" auf „Groß":

Reform 1996 Groß	Duden 1949 klein
gestern Abend	gestern abend
heute Mittag	heute mittag
morgen Abend	morgen abend
im Allgemeinen	im allgemeinen / „Er bewegt sich stets im Allgemeinen."
Folgendes	durch folgendes / der, die, das Folgende
Verschiedene(s)	verschiedene(s)
Groß und Klein	groß und klein
Jung und Alt	jung und alt
fürs Erste	fürs erste
alles / im Übrige/n	alles / im übrige/n
im Ungewissen bleib.	im ungewissen bleib.
in die Vollen gehen	in die vollen gehen
auf Deutsch	auf deutsch
in Bezug auf	in bezug auf
zu Eigen machen	zu eigen machen
außer Acht lassen	außer acht lassen
Recht behalten	recht behalten
Ultima Ratio	Ultima ratio
Deus ex Machina	Deus ex machina
Primus inter Pares	Primus inter pares
der Rote Planet	der rote Planet
die Rote Be(e)te	die rote Be(e)te

Nun umgekehrt von „Groß" auf „klein":

Reform 1996 klein	Duden 1949 Groß
das ohmsche Gesetz das Ohm'sche Gesetz	das Ohmsche Gesetz
platonische Schriften	Platonische Schriften
schwarzes Brett	Schwarzes Brett
das große Los	das Große Los
an Eides statt	an Eides Statt
ABER: Halleyscher Komet	Halleyscher Komet
die Rote Karte	die Rote Karte
die Aktuelle Stunde	die Aktuelle Stunde

Bei manchen Konstellationen würde ich auch die Großschreibung bevorzugen. Das widerspräche meiner Aussage von weiter oben:

Reform 1996 Groß	Duden 1949 klein
im Dunkeln tappen	im dunkeln tappen
auf dem Trockenen sitzen	auf dem trockenen sitzen

Rau(h), Stop(p), Fit(t)

„rau" statt „rauh", aber „frü"?

Der Duden von 1949, den ich zur Vorlage nahm, hat tatsächlich noch „rauh" drinstehen. Weil man die alte Schreibung so selten in Zeitschriften liest, hatte ich mich daran kaum noch erinnert. Sicherlich ist der Übergang von „rauh" zu „rau" eine sinnvolle Maßnahme. Nur wieso wechselt man nicht von „früh" auf „frü"? Die Frage ist, ob man nur wegen dem Familiennamen „Rau" auf das „H" verzichtet. Es heißt „früh" und „früher", „rau(h)" und „rau(h)er"; warum nicht „früer", „früër"? Soll „rauesten" zu „rausten" werden?

Kängeru(h) OK, aber Karamel(l)

Ich würde ein Kängeru schreiben, aber es bei dem alten Karamel belassen. Man schreibt auch wie oben dargestellt „Annruhf" nur als „Anruf". Mein Prinzip ist: „Wörter, so kurz wie möglich"; und das Wort „Karamel" kann man mit keinem anderen Wort verwechseln. (Es gibt nicht das Wort Karamell und das Wort Karamel, und beide bedeuten etwas Verschiedenes.) Zudem wissen die Leute auch so, daß das „e" kurz ist. Da muß niemand drauf hinweisen. Wie mehrfach erwähnt, bei „Annruhf" tut es ja auch keiner.

Selbst wenn es zunächst ungewohnt ist von Kängeruh auf Kängeru zu wechseln…

Aber hier stimme ich überein mit der Reform, weil es das Wort kürzer macht, indem es auf ein Dehnungs-„H" verzichtet.

Tip zu Tipp, Stop zu Stopp, fit?

Es gibt viele Wörter, bei denen die Länge der Vokale nicht durch Doppelkonsonant oder Dehnungs-H (ie) dargestellt wird. Warum kann nicht „tipen" statt „tippen" geschrieben werden, zumal es keine Verwechslungsgefahr gibt. Denn was könnte „tipen" noch bedeuten?

alt	neu	bleibt	auch	sonst
Tip	Tipp	tippen	tipen	Typen
Stop	Stopp	stoppen	stopen	
fit	fitt?			

Obwohl das „i" in „fit" kurz gesprochen wird, wird es nicht auf „fitt" verlängert, vermutlich, weil es kein Verb „fitten" gibt.

Weitere Untersuchungen

„aufwendig" u.a.: von „e" auf „ä"?

nach 1996	Duden 1949
Stängel	Stengel
Schlägel	Schlegel / Schlägel
aufwändig	aufwendig

Bei „aufwendig" („aufwändig") könnte man sagen:

- „Aufwand", aber nicht „Aufwänd"
- „aufwenden", aber nicht „aufwänden"
- „Aufwand", „aufwandig", „aufwanden"
- „Aufwend", „aufwendig", „aufwenden"

Wieso schafft man im Deutschen nicht den Wechsel bei Deklinationen und Konjugationen zwischen „a" und „ä" usw. ab?

„plazieren" und „numerieren"

Wenn ich so wenig wie möglich Buchstaben schreiben möchte, dann gehe ich sogar noch über den Duden von 1949 hinaus:

Duden 1949	nach 1996	privat
plazieren	platzieren	plaziren
numerieren	nummerieren	numeriren

Viele Wörter im Detail

Vieles wäre zu diskutieren. Hier einige Beispiele:

Wort 1	Wort 2	privat
Geld	Entgelt	Geld/Entgelt
soviel	so viel	sofil / so fil
verreißen	verreisen	ferreı/isen
fühlen	füllen	fûlen / fũlen
mitten, Mitte	mieten, Miete	mıten/mîten
Calw (-f)	Horw (-b) CH	Kalb / Horb
Calwer (-w-)	Horwer (-b-)	Kalber
Sucht	süchtig	Sùxt / süжtig
sucht (Verb)		súxt
Platz	pla(t)zieren	Plaz/plaziren
platzen		plazen/plàzen
sag bescheid	sag Bescheid	sag beжeid
jetzt		jezt
Putz		Puz
Versprechen		Ferspreжen
versprochen		fersproxen
furchtbar		furжtbar
fruchtbar		fruxtbar
Phantasie	Fantasie	Fantasi
Photovoltaik	Fotovoltaik	Fotovolaïk
Rhythmus		Ritmus
Philosphie		Filosofi
backen		baken/ bàken
bäckst	backst	bakst
bieten	bitten	bîten/bıten
essen		esen
ißt (essen)	isst	ıst
ist (sein)		ist

lassen / ließ		làsen / lîs
lasen (lesen)		lásen
lies (lesen)		lis
liegen		ligen
lügen		lügen
nehmen	nennen	nemen/nenen
stoppen	tippen	stopen/tipen
Jahre		Jare
quer		kwer / kver
Aquarium		Akvarium
Mahl	Mal	Mál, Mal
mahlen	malen	málen, malen

ä,ö,ü – ë,ï – ea, eo

ä,ö,ü sind Umlaute. ë und ï hingegen weisen darauf hin, daß der Vokal getrennt vom Vokal davor gesprochen wird.
Doppellaute wie „ei" und „eu" werden wie „ai" und „oi" gesprochen, aber meist nicht so geschrieben.
Genauso könnte „ea" und „eo" benutzt werden?

K statt CH

Hier wird das „CH" wie ein „K" artikuliert:

offiziell	privat
Chaos	Kaos
Chor	Kor

Sicherheitsrelevant

Löscher und Löcher

SCHWEIZ: Löcher (ach)

Die Sicherheit fordert, daß „Löcher und Löscher"
klar unterscheidbar bleiben. Das gilt im
Hochdeutschen nur für die Schreibung. In der
Aussprache könnte es ein Sicherheitsrisiko sein.

offiziell	privat	Laut
Loch	Lox	ach
Löcher	Löжer	**ich**
Löscher	Löжer	ich

Es ist seltsam, daß das Hochdeutsch nach
Umlauten „ä,ö,ü" und „e,i" einen „sch"-Laut
fordert, aber nach „a,o,u" einen Rachenlaut wie in
Dach oder Buch. Es gibt Dialekte im Deutschen,
die auch nach „ä,ö,ü" und „e,i" einen Ach-Laut
sprechen. Sollte man das Hochdeutsch ändern
und „Löcher und Löscher" auch in der
Aussprache eindeutig machen, indem auch nach
„ä,ö,ü" und „e,i" ein Ach-Laut für das „CH"
gefordert wird?

offiziell	privat	Laut
Loch	Lox	ach
Löcher	Löxer CH	**ach**
Löscher	Löжer	ich

Wurde vor Jahrhunderten „von oben" festgelegt,
ein „öch" wie ein „ösch" zu sprechen?

Diagraph „CH": Hochdeutsch, Dialekte

ehrli-ch (ach)

Es würde mich nicht wundern, wenn in der Vergangenheit (Jahrhunderte zuvor) eine Behörde das Folgende zum Hochdeutschen erklärt hat:

1) Nach hellen Vokalen „e,i" spricht sich das „ch" ähnlich wie ein „sch". Gleiches gilt nach „ä,ö,ü"
2) Nach dunklen Vokalen a,o,u spricht sich das „ch" wie in „ach, Dach" (IPA: X)

Es gibt aber heute noch Dialekte im Deutschen, die auch nach „e,i" sowie „ä,ö,ü" ein „ch" wie in „Dach" sprechen.

Man sagt „ich", „Becher", „Ächtung", „Löcher", „Üchtgau", „nicht", „euch" im Süddeutschen inkl. Schweiz wie in „Dach", „Buch" oder „Docht".

Kann man das „CH" im Plural „Löcher" wie im Singular „Loch" aussprechen? Und damit das Hochdeutsch neu nach den südwestdeutschen Dialekten ausrichten?

Texte (ca. 9% kürzer)

Verkürzung und Eindeutigkeit

In weiter unten stehenden Textbeispielen wurden folgende Ersetzungen vorgenommen (ohne Gewähr). Daran liest sich ab, wie die Änderungen sich auf's Auge beim Lesen auswirken.

Suche	Ersetze mit
ie, ih	i
ah, eh, oh, uh	a, e, o, u
aa, ee, oo	a, e, o
ieh	i
iehe, ehe, ohe, …	ië, eë, oë, …
ich, ech, euch	iж, eж, euж
ach, och, uch	ax, ox, ux
äch, öch, üch	äж, öж, üж
ß, ss, sz	s
sch	ж
x, chs	ks
Doppelkonsonant	Einfachkonsonant
ck	k
tz	z
dt	d
th	t
ph	f
pf (Anfang Silbe)	f (Pferd ➜ Ferd)
pf (sonst)	pf (erschöpft)
ng (Ende Silbe)	ñ
Ch (z.B. Christ)	K

Nicht umgesetzt bzw. belassen

Meine wichtigsten Anliegen für mich selbst bzw. privat waren a) Verkürzung und b) Eindeutigkeit. U.a. folgende Ersetzungen würden daher meist nichts bringen.

Belassen	Optional?	Grund wäre ...
ei	ai	Klang
eu	oi	Klang
qu	kw	Klang
sp	жp	Klang
st	жt	Klang
g in Garage	ж	Klang
v	f oder w	Eindeutigkeit
w	v	Schriftbild kurz

Beim „V" kann ich verstehen, wenn nicht mit „F" geschrieben wird, weil bei der Schreibschrift ein „V" gewiß einfacher zu schreiben ist, wie ein „F". Allerdings müßte ich mich eindeutig entscheiden, ob ich „V" nach „F" oder „W" nach „V" verändern will.

Falls ich mich an meine neue Orthographie gewöhnt habe, könnte ich mir schon überlegen, ob ich diese Dinge auch noch umsetzen will.

Dante Alighieri Original

Dante Alighieri, der Florentiner und
unschuldig Verbannte, grüßt die ruchlosen
einheimischen Florentiner.

Die hehre Vorsicht des ewigen Königs, der dem
himmlischen Reiche durch seine Güte ewige
Dauer verleiht, ohne von dem irdischen sein
Auge abzuwenden, hat der hochheiligen
Herrschaft der Römer die menschlichen
Angelegenheiten zur Leitung übergeben, damit
unter der Ungetrübtheit eines so mächtigen
Schutzes das menschliche Geschlecht in Ruhe
wohne und allenthalben der Forderung der
Natur gemäß ein bürgerliches Leben führe,
obgleich dies durch biblische Lobsprüche
bestätigt wird, obgleich, auf die Grundlage der
bloßen Vernunft gestützt, die alte Zeit dies
bezeuget, so wirft doch auch der Umstand auf
diese Wahrheit ein helles Licht, daß, während
der kaiserliche Thron leer steht, der ganze
Erdkreis aus seiner Bahn weicht, weil der
Steuermann und die Ruderer auf dem Nachen
Petri schlummern, und daß den Ungestüm der
Winde und Fluten, von welchen das arme, nur
der Willkür einzelner preisgegebene und von
aller öffentlichen Leitung entblößte Italien hin
und her geworfen wird, nicht Worte

auszusprechen vermöchten, ja kaum die Tränen der unglücklichen Italer ermessen. Wenn daher auf alle die, so in frevelem Wahne gegen diesen klaren und offenbaren Willen Gottes sich aufblasen, das Schwert dessen, der da spricht: „Die Rache ist mein", noch nicht vom Himmel fuhr, so mögen jetzt vor dem strengen Gericht des herannahenden Richters ihre Wangen erbleichen.

[…]

Dante Alighieri „gekürzt"

An di Florentiner (1311).

Dante Alighieri, der Florentiner und unжuldig Verbànte, grüst di ruxlosen einheimiжen Florentiner.

Di here Vorsiжt des ewigen Königs, der dem himliжen Reiжe durж seine Güte ewige Dauer verleit, one von dem irdiжen sein Auge abzuwenden, hat der hoxheiligen Herжaft der Römer di menжliжen Angelegenheiten zur Leituñ übergeben, damit unter der Ungetrübtheit eines so mäжtigen Жuzes das menжliжe Geжleжt in Ruhe wone und alenthalben der Forderuñ der Natur gemäs ein bürgerliжes Leben füre, obgleiж dis durж bibliжe Lobsprüжe bestätigt wird, obgleiж, auf

107

di Grundlage der blosen Vernunft gestüzt, di alte Zeit dis bezeuget, so wirft dox aux der Umstand auf dise Warheit ein heles Lixt, das, wärend der kaiserlixe Tron ler stet, der ganze Erdkreis aus seiner Bán weixt, weil der Steuerman und di Ruderer auf dem Naxen Petri жlumern, und das den Ungestüm der Winde und Fluten, von welжen das arme, nur der Wilkür einzelner preisgegebene und von aler öfentlixen Leituñ entblöste Italien hin und her geworfen wird, nixt Worte auszuspreжen vermöжten, ja kaum di Tränen der unglüklixen Italer ermesen. Wèn daher auf ale di, so in frevelem Wane gegen disen klaren und òfenbaren Wilen Gotes siж aufblasen, das Жwert desen, der da sprixt: „Di Raxe ist mein", nox nixt vom Himel fur, so mögen jezt vor dem streñen Gerixt des herannahenden Rixters ire Wañen erbleiжen.

[…]

Goethe Original

Kennst du das Land, wo die Citronen blühn,
Im grünen Laub die Gold-Orangen glühn,
Ein sanfter Wind vom blauen Himmel weht,
Die Myrthe still und froh der Lorbeer steht,
Kennst du es wohl?
Dahin! Dahin
Möcht' ich mit dir, o mein Gebieter, ziehn!

Kennst du das Haus, auf Säulen ruht sein Dach,
Es glänzt der Saal, es schimmert das Gemach,
Und Marmor-Bilder stehn und sehn mich an:
Was hat man dir, du armes Kind, gethan?
Kennst du es wohl?
Dahin! Dahin
Möcht' ich mit dir, o mein Gebieter, ziehn!

Kennst du den Berg und seinen Wolkensteg?
Das Maulthier sucht im Nebel seinen Weg,
In Höhlen wohnt der Drachen alte Brut,
Es stürzt der Fels und über ihn die Fluth:
Kennst du ihn wohl?
Dahin! Dahin
Geht unser Weg; Gebieter, laß uns ziehn!

Goethe „gekürzt"

Kenst du das Land, wo di Zitronen blün,
Im grünen Laub di Gold-Orangen glün,
Ein sanfter Wind vom blauen Himel wet,
Di Myrte stıl und fro der Lorber stet,
Kenst du es wol?
Dahin! Dahin
Möжt' iж mit dir, o mein Gebiter, zin!

Kenst du das Haus, auf Säulen rut sein Dax,
Es glänzt der Sal, es жimert das Gemax,
Und Marmor-Bilder sten und sen miж an:
Was hat man dir, du armes Kind, getan?
Kenst du es wol?
Dahin! Dahin
Möжt' iж mit dir, o mein Gebiter, zin!

Kenst du den Berg und seinen Wolkensteg?
Das Maultir suxt im Nebel seinen Weg,
In Hölen wont der Draxen alte Brut,
Es stürzt der Fels und über în di Flut:
Kenst du în wol?
Dahin! Dahin
Get unser Weg; Gebiter, làs uns zin!

Papst Benedikt XV Original

Der Krieg ist eine grauenhafte Schlächterei!
von Papst Benedikt XV.

An die kriegführenden Völker und deren Oberhäupter!

Als wir ohne unser Verdienst auf den Apostolischen Stuhl berufen wurden zur Nachfolge des friedliebenden Papstes Pius X., dessen heiliges und segensreiches Leben durch den Schmerz über den in Europa entbrannten Bruderzwist verkürzt wurde, da fühlten auch wir mit einem schaudernden Blick auf die blutbefleckten Kriegsschauplätze den herzzerreißenden Schmerz eines Vaters, dem ein rasender Orkan das Haus verheerte und verwüstete. Und wir dachten mit unausdrückbarer Betrübnis an unsre jungen Söhne, die der Tod zu Tausenden dahinmähte, und unser Herz, erfüllt von der Liebe Jesu Christi, öffnete sich den Martern der Mütter und der vor der Zeit verwitweten Frauen und dem untröstlichen Wimmern der Kinder, die zu früh des väterlichen Beistands beraubt waren. Unsre Seele nahm teil an der Herzensangst unzähliger Familien und war durchdrungen von den gebieterischen Pflichten jener erhabenen Friedens- und Liebesmission, die ihr in diesen unglückseligen Tagen anvertraut war. So faßten wir alsbald den unerschütterlichen Entschluß, all unsre Wirksamkeit und Autorität der Versöhnung der kriegführenden Völker zu weihen, und dies gelobten wir feierlich dem göttlichen Erlöser, der sein Blut vergoß, auf daß alle Menschen Brüder würden.

[…]

Papst Benedikt XV „gekürzt"

Der Krig ist eine grauenhafte Жläжterei! von Papst Benedikt XV.

An di krigfürenden Völker und deren Oberhäupter!

Als wir one unser Verdinst auf den Apostoliжen Stul berufen wurden zur Naxfolge des fridlibenden Papstes Pius X., desen heiliges und segensreiжes Leben durж den Жmerz über den in Europa entbranten Bruderzwist verkürzt wurde, da fülten aux wir mit einem жaudernden Blik auf di blutbeflekten Krigsжaupläze den herzzerreisenden Жmerz eines Vaters, dem ein rasender Orkan das Haus verherte und verwüstete. Und wir daxten mit unausdrükbarer Betrübnis an unsre juñen Söne, di der Tod zu Tausenden dahinmäte, und unser Herz, erfült von der Libe Jesu Kristi, öfnete siж den Martern der Müter und der vor der Zeit verwitweten Frauen und dem untröstliжen Wimern der Kinder, di zu frü des väterliжen Beistands beraubt waren. Unsre Sele nam teil an der Herzensangst unzäliger Familien und war durжdruñen von den gebiteriжen Fliжten jener erhabenen Fridens- und Libesmision, di îr in disen unglükseligen Tagen anvertraut war. So fàsten wir alsbald den unerжüterliжen Entжlus, al unsre Wirksamkeit und Autorität der Versönuñ der krigfürenden Völker zu weien, und dis gelobten wir feierliж dem götliжen Erlöser, der sein Blut vergos, auf das ale Menжen Brüder würden.

[...]

Zeichenzahl

Dante Alighieri

Original: 220 Wörter, 1272 Zeichen (ohne Leerzeichen), 1493 Zeichen (mit Leerzeichen)

„Gekürzt": 220 Wörter, 1159 Zeichen (ohne Leerzeichen), 1380 Zeichen (mit Leerzeichen)

Differenz Zeichen 1272 minus 1159 (91%) = 113
Differenz mit Leer 1493 minus 1380 (92%) = 113

Goethe

Original: 132 Wörter, 601 Zeichen (ohne Leerzeichen), 712 Zeichen (mit Leerzeichen)

„Gekürzt": 132 Wörter, 545 Zeichen (ohne Leerzeichen), 656 Zeichen (mit Leerzeichen)

Differenz Zeichen 601 minus 545 (91%) = 56
Differenz mit Leer 712 minus 656 (92%) = 56

Papst Benedikt XV

Original: 195 Wörter, 1159 Zeichen (ohne Leerzeichen), 1353 Zeichen (mit Leerzeichen)

„Gekürzt": 195 Wörter, 1071 Zeichen (ohne Leerzeichen), 1265 Zeichen (mit Leerzeichen)

Differenz Zeichen 1159 minus 1071 (92%) = 88
Differenz mit Leer 1353 minus 1265 (93%) = 88

Diakritische Zeichen im Text

Gesetzt wurden folgende Zeichen:

Dante Alighieri
Bán (Bahn)   Abgrenzung zu „Bann"
wèn (wenn)   Abgrenzung zu „wen"
òfenbaren (offen-)   Nur Wortteil zu „Ofen"

Goethe
stıl (still)   Abgrenzung zu „Stil"
în (ihn)   Abgrenzung zu „in"
làs (laß, lass)   Abgrenz. zu „las" (lesen)

Papst Benedikt XV
fûlten (fühlten)   Abgrenzung zu „füllten"
îr (ihr)   Abgrenzung zu „irr(e)"
fàsten (faßten)   Abgrenzung zu „fasten"

Verzichtet wurde auf Zeichen bei:

Dante Alighieri
„in Ruhe wone" (wohne)   „Wonne"
„in frevelhaftem Wane" (Wahne)   „Wanne"

Goethe
„der Lorber stet" (steht)   „stet"
„mit dir … zin" (zieh(e)n)   „Zinn"

Papst Benedikt XV
„al unsre" (all)   „All"

Ein Wort sollte aber je nach Text nicht mal mit und mal ohne Zeichen versehen werden.

Feine Unterschiede

Zischlaute

Zischlaute erzeugen sich bei einer Mundstellung, bei der die ausströmende Luft eine enge Stelle vor oder hinter den Zähnen passieren muß. Es ist ein Reibelaut (Frikativ), der am Zahndamm (alveolar bzw. retroflex) oder am vorderen Gaumen (palatal) gebildet wird.

IPA	Frikativ (Reibelaut)	Beispiel
s	stimmloser alveolarer	Haus
z	stimmhafter alveolarer	Suse
ʃ	stimmloser postalveolarer	Schule
ʒ	stimmhafter postalveolarer	Garage
ç	stimmloser palataler	ich

Weitere Reibelaute

IPA	Frikativ (Reibelaut)	Beispiel
f	stimmloser labiodentaler	Verrat
x	stimmloser velarer	ach
χ	stimmloser uvularer	lachen

Affrikat „Z"

IPA	Affrikate	Beispiel
ts	stimmlose alveolare	Ziel

Holland SCH Helvetia CH

Schweizer Deutsch – Aspekt „CH"

SCHWEIZ: CH immer ach, nie ich

Neben den vielen anderen Feinheiten wollte ich hier nur auf das „CH" eingehen. Es wird in der Schweiz und in Teilen Süddeutschlands auch nach „e" und „i" wie in „ACH" artikuliert.
Ebenso gilt dies für die Umlaute „ä, ö, ü" und die Doppellaute „äu, eu", wie in „euch", IPA [oix].
Privat würde ich „oiҗ" schreiben. Wenn ich in der Schweiz bin, müßte ich „oix" notieren.
Nebenbei bemerkt muß man auf der Schweizer Tastatur die großen Ä,Ö,Ü nur mit zwei Tasten schreiben: Taste Punkte, dann Taste A,O,U.

offiziell	IPA CH	IPA DE	privat Schweiz	privat Deutschld.
ach	x	x	ax	ax
Becher	x	ç	Bexer	Beҗer
nicht	x	ç	nixt	niҗt
doch	x	x	dox	dox
Buch	x	x	Bux	Bux
ächten	x	ç	äxten	äҗten
möchten	x	ç	möxten	möҗten
flüchten	x	ç	flüxten	flüҗten
Kunde	x	k	Xund(e)	Kunde
Hund	x	h	Xund	Hund

Teils wird im Schweizerdeutsch auch „K" und „H" wie ein „CH" (ach) benutzt. Niederländisch hat ebenso etwas mehr „CH" (ach) als Hochdeutsch.

117

Niederländisch – Aspekt „SCH"

In Holland spricht man das niederländische „SCH" wie ein „S" mit nachfolgendem „CH" wie in „Dach". In meiner Schreibung also: SX.
Will man in Holland ein „sch" wie in „Schule" sprechen, dann schreibt man „SJ" oder „STJ".

IPA	nd.länd.	deutsch	privat
sx	SCH	*S+CH (ach)*	SX
ʃ	S(T)J	SCH	Ж

Das ist wirklich ein interessanter Aspekt.
Ergibt sich hier historisch ein Zusammenhang für das Hochdeutsche?
Warum schreibt man im Hochdeutschen nicht wie im Englischen statt „SCH" ein „SH"? Das würde doch vollkommen ausreichen. War die Aussprache in Teilen Deutschlands früher wie S+CH (S + „ach"-Laut)?
Wurde dann irgendwann wie bei „Becher" und „nicht" gesagt, es gilt nicht mehr der „ach"-Laut, sondern bei „SCH" der „ich"-Laut?
Reizvoll ist der Vergleich mit dem Italienischen. Dort steht das „H" hinter dem „C", um vor „e" und „i" das „C" wie „K" (und nicht wie „SCH") klingen zu lassen, wie in „Schedule" (engl. für Zeitplan). In dem James-Bond Film von 1985 (Paris, San Francisco usw.) übrigens spricht der Bösewicht das Wort „Schedule" in der englischen Sprache deutsch aus, wie in „Schule", weil er ja aus der Gegend um Dresden stammt.

Niederländisch – Aspekt ä, ö, ü

Niederlande: nur i diakritisch

In dieser Tabelle sieht man, wie in den Niederlanden u.a. vermieden wird, diakritische Zeichen auf dem a, o oder u setzen zu müssen. Weil das „u" wie in Frankreich für ein „ü" verwendet wird, weicht man für „u" auf ein „oe" aus, was mir umständlich erscheint. Auch das „ai" wie in französisch „pair" hat die Niederlande aus Frankreich übernommen.

dt. Bst.	ndl. Bst.	Aussprache wie im Dt.	nd.länd. Beispiel
ä	ai	Bär	Affaire / dt: Affäre
ä	ei	Bär (kurz)	leiden / dt: leiten
ö	eu	lösen, Ökonomie	deur / dt: Tür
ö	u	können, lösen	lus / dt: Schlinge
ö	ui	können (ca.)	huis / dt: Haus
ü	u	Hügel /vor „r"	muren / dt: Mauern
ü	uu	amüsieren	minuut / dt: Minute
ü	uu	Hügel /vor „r"	muur / dt: Mauer
ü	uw	amüsieren	uw / dt: ihr
u	oe	Musik, Bluse	boek / dt: Buch boer / dt: Bauer

Noch kürzer

Sehn statt sehen, dron statt dro(h)ën

Bei einigen Verben könnte ich mir vorstellen, das hintere „e" wegzulassen. Das betrifft Wörter die auf „-hen" enden, allerdings nicht solche, die auf „-chen" aufhören. Das führt dazu, daß sogar das „h" fehlen kann.

offiziell	privat	offiziell *	privat +
sehen	seën	seh'n	sén
du siehst	du sist		
drohen	droën	droh'n	dron
du drohst	du drost		
machen	maxen		
gehen	geën	geh'n	gen
du gehst	du gest		
mähen	mään	mäh'n	män
Zehen	Zeën	Zeh'n	Zen
blähen	bläën	bläh'n	blän
blühen	blüën	blüh'n	blün
drehen	dreën	dreh'n	dren

Statt „innerhalb" ein „innert"

In der Schweiz z.B. wird für das „innerhalb" ein „innert" benutzt. Bei mir wäre es „inert". Auch die Wörter „zwischen" und „zusammen" sind fast zu lang, z.B. für einen Titel. Bei mir wäre es „zwiжen" und „zusamen". Geht es noch kürzer?

Teilverzicht auf Diphthonge?

teils -au- ➜ -a-

Der „dtv-Atlas der deutschen Sprache" zeigt, wie das Wort „Haus" sich von Graz in Österreich im Laufe der Jahrhunderte bis in den Frankfurter Raum und darüber hinaus ausgebreitet hat.
Auch bei uns am Mittelrhein (Koblenz, Bingen) hat man ursprünglich *„Hus"* gesagt. Das macht man heute nur noch in der Schweiz und in den Niederlanden.
Es gibt auch heute noch Wörter (z.B. in meinem Verschnitt aus pfälzisch und hessisch), bei denen der zweite Vokal weggelassen wird.
Beispiele sind *„a(a)ch"* für „auch" oder *„la(a)fen"* bzw. *„la(a)fe"* für „laufen" oder „ke" (auch: keï, wobei e wie e, nicht wie a) für „keine". In heutiger Zeit verwendet mein Dialekt die Diphthonge, um Verwechslungen auszuschließen. Doch ein Beispiel für Verwechslung in meinem Dialekt ist *„Stab"* für hochdeutsch „Staub".

Ganz anders sieht es in der Schweiz aus. Ich bin amüsiert erstaunt, daß die Gesprächspartner immer noch wissen, um was es geht.

Schweizer Deutsch	Hochdeutsch
Buchgefühl	Bauchgefühl
geduscht	getauscht
gebra(u)st	gebraust / geduscht
Eis (Ais)	Eins
Glace (Glass, Glàs)	Eis

Umlaute und CH

Von a,o,u nach ä,ö,ü unterlassen?

Singular au, Plural äu ➔ au

Soll Deklination und Konjugation vereinfacht werden, indem auf Wechsel von „a,o,u" nach „ä,ö,ü" verzichtet wird?

-a-	-ä-	privat 1	privat 2
Raub *Raube*	Der/Die Räuber	Räuber R-oi/eu-ber	**Rauber**
Haus	Häuser	Häuser	**Hauser**
Baum	Bäume	Bäume	**Baume**
Lauf *Laufe*	Läufer	Läufer L-oi/eu-fer	**Laufer**
Kauf	Käufe Käufer	Käufe/-r K-oi/eu-fe/-r	**Kaufe** **Kaufer**
Staub	Stäube	Stäube	**Staube**
saufen	er säuft	er säuft	**er sauft**

Beispiele mit o,ö und u,ü siehe an anderer Stelle. Im Deutschen wird je nach Region benutzen oder benützen sowie Generale oder Generäle verwendet. In der Schweiz gibt es den Kanton. Im Plural wird statt Kantone teils „Kantön" gesagt.

Doch führt das vielleicht zu weit.
Denn sonst kann man Ton, Töne (Musik) von Ton, Tone (Baumaterial) auch im Plural nicht mehr unterscheiden.

CH Ach-Laut nach ä,ö,ü?

Wer zwingt uns die Aussprache des „CH" auf? Warum gilt nach „ö" <u>weich</u> wie in „möchte", aber nach „o" <u>rauh</u> wie in „Docht". Nach einem „u" (auch ein dunkler Vokal wie „a" und „o") ist das „CH" rauh wie in „Bucht". Aber wenn davor ein „e" steht, dann ist das „CH" weich wie in „euch".

Wort	Hochdeutsch	Schweiz-dt.
auch	ch wie ach	ch wie ach
euch „oich"	ch wie ich	ch wie ach

So wäre klarer, warum bei „euch" trotz „<u>uch</u>" kein Ach-Laut nach „u" folgt. Denn „eu" redet sich wie „oi".

Doppelte Sache: CH & ä,ö,ü

Die Kombination aus a) „CH" (Ach-Laut) und b) Verzicht auf „ä,ö,ü" im Plural sehe dann so aus:

Singular	Plural	Schweiz	CH+a,o,u
Dach	Dächer	Dächer	Dacher
Dax	*Däxer*	*Däxer*	*Daxer*
Loch	Löcher	Löcher	Locher
Lox	*Löxer*	*Löxer*	*Loxer*
Buch	Bücher	Bücher	Bucher
Bux	*Büxer*	*Büxer*	*Buxer*

Deklination und Artikel

Der folgende Vorschlag soll lustig gemeint sein und ein wenig zum Nachdenken anregen:

Dekl.	neutrum	feminin	maskulin
Singular			
Nominat.	das Haus	die Frau	der Mann
Genitiv	des Haus/es	dis Frau	des Mannes
Dativ	dam Haus/e	dim Frau	dem Mann/e
Akkusat.	dan Haus	din Frau	den Mann
Plural			
Nominat.	das Hauser	die Frauen	der Manner
Genitiv	des Hauser	dis Frauen	des Manner
Dativ	dam Hauser	dim Frauen	dem Manner
Akkusat.	dan Hauser	din Frauen	den Manner

Dekl.	neutrum	feminin	maskulin
Singular			
Nominat.	ein Haus	eine Frau	ein Mann
Genitiv	eines Hauses	eines Fraues	eines Mannes
Dativ	einem Haus/e	einem Frau/e	einem Mann/e
Akkusat.	ein Haus	eine Frau	ein Mann

Variation Schreibung

Wie will ich 2 oder 3 gleich geschriebene Wörter mit unterschiedlichem Sinn kenntlich machen? In einem Extrem mache ich alles gleich, im anderen Extrem mache ich jedes Wort anders.

3 Wörter: Widder, wider, wieder

	Wort 1 kurz	Wort 2 lang	Wort 3 lang
offiziell	Widder	wider	wieder
ohne	Wider	wider	wider
Wort 1	Wıder	wider	wider
Wort 2	Wider	wîder	wider
Wort 3	Wider	wider	wîder
Wort 1+2	**Wıder**	**wîder**	**wider**
Wort 1+3	**Wıder**	**wider**	**wîder**
Wort 2+3	Wider	wîder	wîder
alle	Wıder	wîder	wîder

Nur folgende Fälle garantieren, daß dem Auge der Unterschied spontan auffällt:

	Wort 1 kurz	Wort 2 lang	Wort 3 lang
offiziell	Widder	wider	wieder
Wort 1+2	**Wıder**	**wîder**	**wider**
Wort 1+3	**Wıder**	**wider**	**wîder**

Offen bleibt aber, welches der beiden lang gesprochenen Wörter die „einfachste" Form mit „i" bekommen soll.

Die erste Möglichkeit ist das „Beibehalten der offiziellen Schreibung" bei einem der Wörter:

	Wort 1 kurz	Wort 2 lang	Wort 3 lang
offiziell	Widder	**wider**	wieder
Wort 1+3	Wıder	**wider**	wîder

Die zweite Möglichkeit ist die Verwendung des häufigeren Wortes:

	Wort 1 kurz	Wort 2 lang	Wort 3 lang
offiziell	Widder	wider	**wieder**
Wort 1+2	Wıder	wîder	**wider**

Die gleiche Überlegung gilt, wenn statt den diakritischen Zeichen andere Buchstaben benutzt würden (statt á,à z.B. α,Λ).

3 Wörter: Arme, arme, Armee

	Wort 1 kurz	Wort 2 kurz	Wort 3 lang
offiziell	Arme	arme	Armee
ohne	Arme	arme	Arme
Wort 1	Armè	arme	Arme
Wort 2	Arme	armè	Arme
Wort 3	Arme	arme	Armé
Wort 1+2	Armè	armè	Arme
Wort 1+3	**Armè**	**arme**	**Armé**
Wort 2+3	**Arme**	**armè**	**Armé**
alle	Armè	armè	Armé

Die erste Möglichkeit ist, das Körperteil in seiner offiziellen Form lassen:

	Wort 1 kurz	Wort 2 kurz	Wort 3 lang
offiziell	**Arme**	arme	Armee
Wort 2+3	**Arme**	armè	Armé

Die zweite Möglichkeit ist, die „Leute mit wenig finanziellen Mitteln" in ihrer offiziellen Form lassen:

	Wort 1 kurz	Wort 2 kurz	Wort 3 lang
offiziell	Arme	**arme**	Armee
Wort 1+3	Armè	**arme**	Armé

3 Wörter: Schiefer, schiefer, Schiffer

	Wort 1 kurz	Wort 2 lang	Wort 3 lang
offiziell	Schiffer	schiefer	Schiefer
ohne	Жifer/Sh-	жifer/sh-	Жifer/Sh-
Wort 1	Жıfer/Sh-	жifer/sh-	Жifer/Sh-
Wort 2	Жifer/Sh-	жîfer/sh-	Жifer/Sh-
Wort 3	Жifer/Sh-	жifer/sh-	Жîfer/sh-
Wort 1+2	**Жıfer/Sh-**	**жîfer/sh-**	**Жifer/Sh-**
Wort 1+3	**Жıfer/Sh-**	**жifer/sh-**	**Жîfer/sh-**
Wort 2+3	Жifer/Sh-	жîfer/sh-	Жîfer/sh-
alle	Жıfer/Sh-	жîfer/sh-	Жîfer/sh-

Quellenverzeichnis

Anlage zum Dekret vom 26. Oktober 1998 über die Einführung der Neuregelung der deutschen Rechtschreibung, Ministerium der Dt.-sprach. Gemeinschaft, Moniteur belge, rue de Louvain 40-42, 1000 Bruxelles. − Belgisch Staatsblad, Leuvenseweg 40-42, 1000 Brussel. Conseiller / Adviseur: A. van Damme

Der kleine Duden, Deutsches Wörterbuch, 7. Auflage, Bibliographisches Institut, Nachdruck 2013, Mannheim

Deutsche Rechtschreibung, Wikipedia, https://de.wikipedia.org/wiki/Deutsche_Rechtsch reibung, aufgerufen 7.8.2018

dtv-Atlas zur deutschen Sprache, Tafeln und Texte, Mit Mundarten, Deutscher Taschenbuch Verlag, München, 4. Auflage 1981

dtv-Atlas zur Mathematik, Tafeln und Texte, Analysis und angewandte Mathematik, Band 2, Deutscher Taschenbuch Verlag, München, 4. Auflage 1982

Duden Crashkurs, Christian Stang (Autor) und Verlag, https://www.duden.de/sprachwissen/ sprachratgeber/Crashkurs-25-Schritten-zur-neuen... aufgerufen 7.8.2018

Geänderte Schreibungen2.doc, erstellt am
2.8.2005, Titel: Wörterliste der geänderten
Schreibungen, Webseite

Klien, Horst (Hrsg.), Duden, Rechtschreibung
der deutschen Sprache und der Fremdwörter,
Bearbeitet von der Duden-Schriftleitung des
Bibliographischen Instituts, Steiner, Franz, R.
Herrosé's Verlag GmbH, Wiesbaden, 1949,
13. Auflage, Druck in München, mit Zulassung
der Militärregierung, Auskunft über Fragen zur
Rechtschreibung, Zeichensetzung, Aussprache
usw. erteilt kostenlos die Deutsche
Sprachberatungsstelle beim Bibliographischen
Institut in Leipzig

Kompakt-Wörterbuch der Deutschen Sprache,
Bertelsmann Lexikon Institut, Wissen Media
Verlag, Gütersloh/München, 3. Auflage, 2002

Langenscheidt, Praktisches Wörterbuch,
Niederländisch, München, Wien, 2015

Langenscheidts Taschenwörterbuch, Englisch,
Berlin, München, Wien, Zürich, 1983

Müller, Wolfgang, Duden, Leicht verwechselbare
Wörter, Dudenverlag, Mannheim, Wien, Zürich,
Bibliographisches Institut, Mannheim, 1973

Neuerungen der deutschen Rechtschreibreform
von 1996, Wikipedia,
https://de.wikipedia.org/wiki/Neuerungen_der_d
eutschen_Rechtschreibreform_von_1996,
aufgerufen 6.4.2017

Rechtschreibreform, Wikipedia,
https://de.wikipedia.org/wiki/Rechtschreibreform
aufgerufen 7.8.2018

Reform der deutschen Rechtschreibung von
1996, Wikipedia,
https://de.wikipedia.org/wiki/Reform_der_deutsc
hen_Rechtschreibung_von_1996
Aufgerufen 6.4.2017

Textor, A.M., Sag es treffender, Rowohlt Verlag,
Hamburg, 1988

Webseite mein-lernen.at, aufgerufen 12.7.2020
(Doppelvokale aa, ee, oo)

Weitere Veröffentlichungen bei BoD:

Die verfälschte Antike (2013)
Dr. Illig & Angriff des Islam auf Rom bereits 337 n.Chr.
ISBN 978-3-7322-0769-5
u.v.a. 1. März statt 21. März einst Frühlingsanfang? (mit
Betrachtung des Zeitraums 130 bis 46 vor Christus)

Jack the Ripper –
Verdächtigter vom Rhein (2015)
Mörder in USA aus Region Bingen, Alzey
ISBN 978-3-7392-7169-9
u.v.a. Winkel in London wie zwischen Gau-Bickelheim,
Horrweiler und Pfaffen-Schwabenheim (1888er Haus)

Staatsgrenze = Sprachgrenze (2016)
ISBN 978-3-7412-5825-1
Belgische Regierungskrise 2010/11 als Anlaß für
Berechnungen von der Nordsee bis Korsika

Familien Hadamar bis Hattemer (2019)
ISBN 978-3-7481-4286-7
u.v.a. Lehrer des Komponisten Christian Erbach und
Treffen mit Hoffmann von Fallersleben in St. Gallen

Abt Hadamar bis Rose Hattemer (2019)
ISBN 978-3-7481-4608-7
u.v.a. Zwei Trapeze Fulda, Haddamar (33 römische
Leugen), Hadamar a) nach Langres und b) nach Rom

Tobotami sanza moko Norbertine Moke
abotami mokolo moko liboso na ngai

Thomas Hattemer, geboren 1967 in Bad
Kreuznach, aufgewachsen in Pfaffen-
Schwabenheim, hat 1994 sein Studium der
Physik in Mainz mit dem Diplom
abgeschlossen.